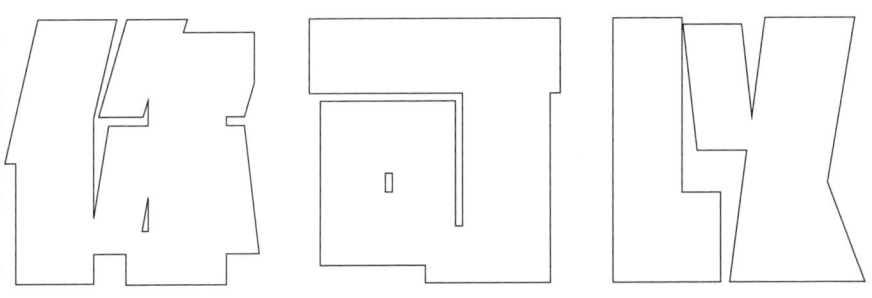

私、子育て向いてないかも」がラクになる本

[日]乔 —— 著 王胜 —— 译

一本书消除
妈妈们的育儿焦虑

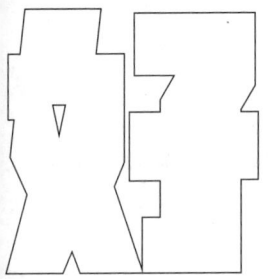
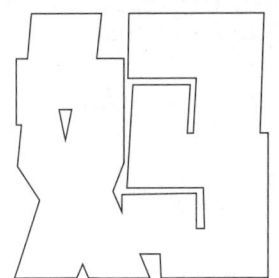
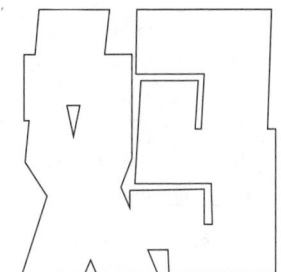

SD 北京时代华文书局

图书在版编目（CIP）数据

你可以当个好妈妈 / (日) 乔著；王胜译 . -- 北京：北京时代华文书局，2024.9
ISBN 978-7-5699-5479-1

Ⅰ.①你… Ⅱ.①乔… ②王… Ⅲ.①家庭教育 Ⅳ.① G78

中国国家版本馆 CIP 数据核字 (2024) 第 083926 号

"WATASHI, KOSODATE MUITENAI KAMO" GA RAKU NI NARU HON by Joe
Copyright © Joe 2022
All rights reserved.
Original Japanese edition published by Nippon Jitsugyo Publishing Co., Ltd., Tokyo.

This Simplified Chinese edition is published by arrangement with
Nippon Jitsugyo Publishing Co., Ltd., Tokyo. c/o Tuttle-Mori Agency, Inc., Tokyo
through LeMon Three Agency, division of Shanghai Moshan Liuyun Cultural and Art Co., Ltd, Shanghai.

北京市版权局著作权合同登记号 图字：01-2022-3559

NI KEYI DANG GE HAO MAMA

出 版 人：陈　涛
策划编辑：薛　芊
责任编辑：薛　芊
封面设计：WONDERLAND Book design
　　　　　仙遽 QQ:344581934
版式设计：王艾迪
责任印制：刘　银

出版发行：北京时代华文书局 http://www.bjsdsj.com.cn
　　　　　北京市东城区安定门外大街 138 号皇城国际大厦 A 座 8 层
　　　　　邮编：100011　电话：010-64263661　64261528

印　　刷：河北京平诚乾印刷有限公司
开　　本：880 mm×1230 mm　1/32　　成品尺寸：145 mm×210 mm
印　　张：6.5　　　　　　　　　　　　字　　数：130 千字
版　　次：2024 年 9 月第 1 版　　　　　印　　次：2024 年 9 月第 1 次印刷
定　　价：48.00 元

版权所有，侵权必究
本书如有印刷、装订等质量问题，本社负责调换，电话：010-64267955。

前言

很多妈妈都会一边痛骂不听话的孩子,一边自己难过。

她们为自己不是一个合格的妈妈而自责、哭泣,然后又会恼怒道:"我为什么让自己陷入如此困境!""都是因为你,我才变得如此可悲!"

实际上,这个世界上有很多妈妈并不知道该如何去爱自己的孩子。

为什么不知道如何去爱呢?

因为她们自己也没能真切地从妈妈那里感受到被爱的感觉。

于是她们在做了妈妈之后就会想:"我不是这样的,我要和我妈不一样!"

孩子的幸福是妈妈最大的希望。

孩子的幸福甚至比妈妈自己的人生都要重要。

正因为如此,这些妈妈拼命地为孩子将来的幸福考虑规划,并且按照这个规划来引导孩子。

然而，孩子并没有按照妈妈的期望发展。

妈妈不愿让孩子重复自己的不幸，于是拼命地给孩子灌输自己的意见。

"这样做就好了。"
"那样做就好了。"
"照我说的去做，你就能幸福。"
"我愿意付出一切。"

为什么妈妈明明拼命地灌输自己的意见，孩子却完全不会感到高兴，而且也不按照妈妈说的去做呢？

不论怎么做，孩子都是一副不开心的样子。

"我不幸福，所以不想让孩子再去感受这种不幸。"
"明明应该很开心呀，为什么孩子总是不见笑脸呢？"
"到底要怎么做才能让孩子理解我呢？"

明明制订了完美的计划引导孩子，但不管怎么做，孩子还是朝着反方向走，于是妈妈的心态崩溃，彻底爆发了。

"别老摆着一副臭脸！！""为什么就不高兴呢！！"

这些妈妈这样做的理由其实非常简单。
因为她们坚信孩子的人生应该由身为妈妈的自己来决定。

但是，孩子并不属于妈妈，而是独立于妈妈之外的一个新的个体。

所以，孩子按照妈妈说的去做时，并不能感受到妈妈所描述的那种幸福感。

孩子有着适应其自身的特性，遵循这种特性才是确保孩子幸福的方法，而且如果遵循了孩子自身的特性，即使妈妈不再大费周章地为孩子制订计划，孩子也能顺利成长。

但是，妈妈并没有这个概念。所以，每次看到孩子偏离自己为其铺就的完美道路时，妈妈就会陷入绝望。

我是一名暴力对策心理咨询师，目前为止已经参与了不计其数的被害者心理咨询工作。

这些咨询者中，有人遭遇家庭或职场暴力，有人不论去到何处都会成为被攻击的对象。同时，也有不少人本来就生活不易，还饱受着人际关系的困扰；或者仅仅是生活方面就很困难的人也不在少数。

实际上，这些人大多在幼少年时期就遇到了成长问题。幼少年时期持续经历的过于残酷的逆境给他们此后的人生带来了各种各样的负面影响。在成为父母之后，这些负面影响便以更加明显的形式表现出来。

也就是说，他们完全不知道如何更好地养育自己的孩子。

为什么呢？因为他们自己也未曾被认认真真地养育过。

在日复一日的咨询工作中，通过与这类妈妈们进行的各种各样的交谈，我意识到了一个问题。"这样说来，现在还没有面向这类人群的育儿书籍"。

现在的育儿书籍多半都在讲述怎样更好地育儿。

怎样培养可以让孩子进好学校、怎样培养可以提高孩子的学习能力、怎样做孩子才能在将来成为受社会好评的精英。这些书籍基本上在一定程度上都是以育儿步入正轨为前提的，目标是将育儿水平再提升一层楼。

至于被"连怎样好好育儿都不知道""根本连一般的育儿知识都不了解""不知道要努力到什么程度"等问题困扰的妈妈，目前还没有一本育儿书籍来帮助她们。

于是，我决定写一本育儿书来帮助我在现实中遇到的有育儿苦恼的妈妈，她们面临着对育儿没有自信，或者不知道如何是好的问题，希望妈妈们"即使对育儿一窍不通，但单纯按照书里的方法也能轻松解决育儿问题！"这本书因此诞生。

所以，本书有明确的适用对象。

本书适用于以下人群。

- 目前对育儿束手无策的人群。
- 在育儿方面得不到他人帮助的人群。
- 新手妈妈、一个人带孩子的人群。
- 过于追求理想的育儿，但却总是事与愿违的人群。
- 自己在机能不全家庭[①]长大，所以对育儿一无所知的人群。
- 学习了其他的育儿书籍，但效果不佳的人群。

---

① 家庭中持续存在冲突、不法行为或针对家庭中部分成员的虐待事件，而其他家庭成员对这些事件采取容忍的态度。——译者注

以上为本书的适用对象。

要点是，首先妈妈本人要感到轻松快乐。

接下来就可以开始有效解决育儿问题了。

理由及具体做法将在本书中依次介绍。

本书没有过高的奢求，只希望能帮助妈妈们尽量规避风险、少费力，感受到育儿的乐趣。

因为这是孩子们最期望看到的妈妈的形象。

另外补充一下，本书原则上适用于4~12岁孩子的育儿问题。

乔

目录

第 1 章
孩子的内心"不能种植,而要耕耘"

- 妈妈对孩子的两种影响 / 003
- "种植式育儿"和"耕耘式育儿" / 010
- 对照一下你是"种植式育儿"还是"耕耘式育儿" / 013
- "耕耘式育儿"的两大策略 / 016

第 2 章
"放牧式"育儿

- 像"放牧"一样养育孩子 / 021
- 孩子是靠自己长大的生物 / 024
- 把放牧的"围栏"范围扩大 / 027
- 设置放牧的"围栏" / 030
- 建议把提升学习能力往后放 / 035

◎ 孩子井井有条的生活秩序会让妈妈变得温柔 / 037

第 3 章
"放牧理论"实践篇

◎ 让孩子遵守"围栏"规则的方法 / 043
◎ 如果孩子屡次翻越"围栏",不如将"围栏"范围扩大 / 046
◎ "放牧理论"打消对孩子的罪恶感 / 051
◎ 写给认为"自己没有育儿能力"的妈妈们 / 054
◎ 写给不认为自己孩子可爱的妈妈们 / 059

第 4 章
成为"超级妈妈"【方法1】重视氛围

◎ "超级妈妈"战略改善亲子关系 / 065
◎ "超级妈妈"实践篇【方法1】重视氛围 / 081
◎ 零压力耕耘孩子内心的方法 / 085
◎ 孩子逐渐得到耕耘的"3秒沟通" / 088

- "3秒沟通"初级篇 / 092
- "3秒沟通"中级篇 / 102
- 其他的"3秒沟通"方法 / 116
- "3秒沟通"高级篇 / 122
- 对"3秒沟通"感到困难怎么办 / 127
- 孩子主动和妈妈讲话时怎么办 / 135
- 如果孩子真的在努力,妈妈也"不要夸奖,而是吃惊" / 142
- 妈妈要一直做孩子人生的"配角" / 146

第 5 章
成为"超级妈妈"【方法2】冷淡地行动

- "超级妈妈"要冷淡地行动 / 151
- ❶ "想方设法"和"让孩子死心"相结合 / 153
- ❷ 冷淡地结束话语 / 162
- ❸ 把孩子带入冷静的世界 / 167

第6章
"超级妈妈"批评孩子的方式

- 批评和指令要在10秒钟以内讲出"原因" / 175
- 强硬地说完之后,要在1分钟之内恢复情绪 / 179
- 建立"发脾气是我的必杀技"的意识 / 182

第7章
带着自豪感育儿

- "超级妈妈"是钢管舞中的钢管 / 191
- 以做"最棒的自己"作为人生的准则 / 193

第 1 章

孩子的内心
"不能种植,而要耕耘"

妈妈对孩子的两种影响

◎ "种植"与"耕耘"

"对于孩子的内心,不能种植,而要耕耘"。

有育儿烦恼的妈妈们请尝试先树立这个观念,再试着重新去跟孩子相处。这样一来,育儿应该基本上就得心应手了。

下面来具体说一说什么是"种植",什么是"耕耘"。

在育儿方面,妈妈对孩子的影响有两种。

一种是把知识、处事的原则底线、禁止的行为、礼节等自己所掌握的东西教给孩子。

本书将这种影响称为"(妈妈在孩子的心中)种植"。

另一种是,对于孩子的任何表现,妈妈都给予反馈,例如表示理解或共鸣,或者做出相应的反应。

本书将这种影响称为"耕耘(孩子心灵的田野)"。

▼ 妈妈对孩子的影响

种植

把知识、规则等自己所掌握的东西悉数教给孩子。

耕耘

妈妈对孩子的言语和行为等表示理解,并给予反馈。

◎ 与植株相比，更重要的是土壤

请试着把孩子的心灵想象成一片田野。

这片田野（孩子的心灵）的"土壤养分、柔软度"将决定这个孩子现在及未来生活的难易程度。

而这片田野上种植的植物只是孩子赖以生存的工具。

然而，很多妈妈都热衷于把自己所希望的植物（工具）种在孩子心灵这片田野上。因为这些妈妈认为按照她们的常识选择的植物可以让自家孩子过上更好的生活。

实际上，孩子能否更好地生活与此并无关系。

孩子能否更好地生活取决于"心灵这片田野的柔软度"，而种在这片田野上的植物只是孩子在社会上赖以生存的工具。

此外，很重要的一点是，如果其他人"强行"在这片田野上种植，这片田野会变得日益干涸僵硬，植物会越来越难以生存，结果寸草不生。

然而，很多妈妈都没有意识到这个问题。

对于孩子提出的充满孩子气的想法，妈妈会感到厌烦、选择无视，并且一心想把自己认为的正确答案"强加"给孩子。

妈妈就像做黏土手工艺品一样，按照自己的喜好来创作孩子这

▼ 孩子心灵的田野是什么？

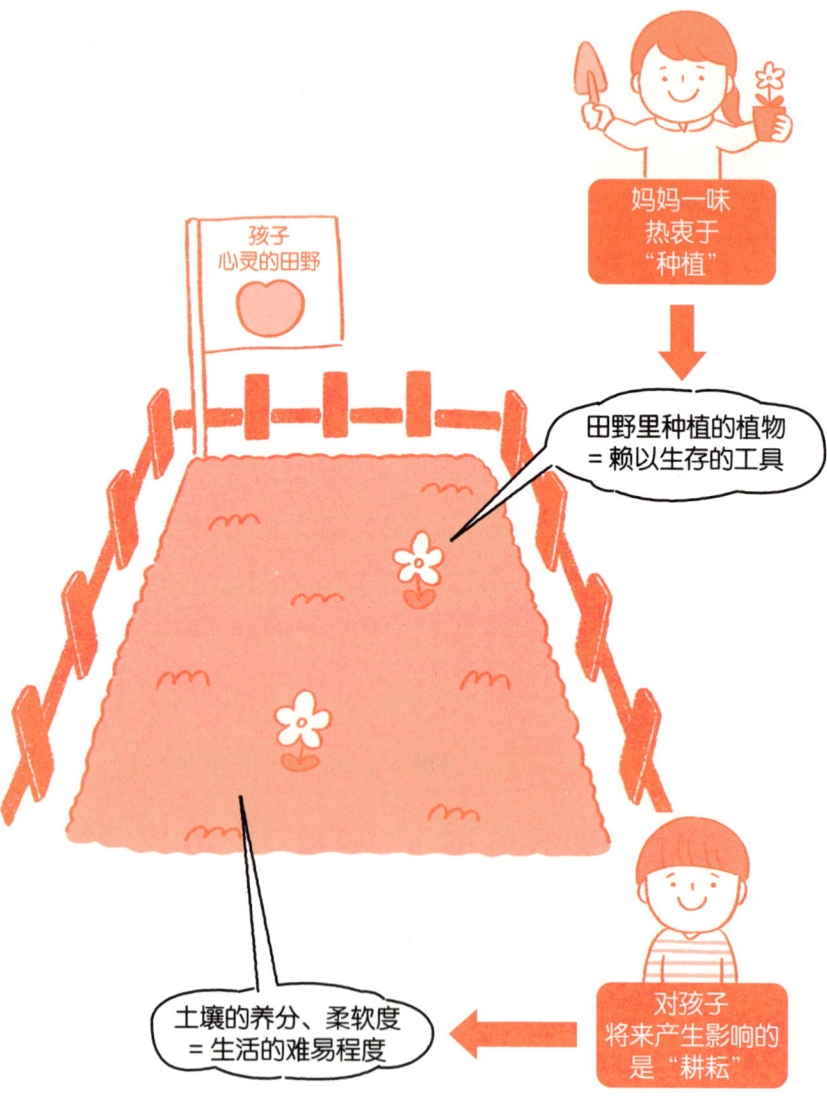

件作品，于是孩子逐渐成长为妈妈所期待的样子。虽然妈妈的期待得到了满足，但无形之中有很多孩子的生活难度因此增加。

当然了，并不是所有的"种植"行为都是禁止的。

实际上，在很多情况下，"种植"行为是有必要的。

比如，为了让孩子懂得路上行走时要小心后方车辆，妈妈非常有必要告知孩子其中的危险性；再比如，妈妈要告诉孩子总吃甜食会损害健康，要教给孩子一定的学问和自己国家的传统文化与习俗。这些都是有必要教给孩子的。如果不把这些教给孩子，孩子将来的生活一定会遇到问题。

举个极端的例子，再怎么耕耘心灵这片田野，再怎么认真养育，被狼养大的孩子都无法在人类社会生存，这是同样的道理。

所以，既然养育孩子，一定的"种植"行为是作为妈妈的必修课。

但是，妈妈也要意识到下面的问题。

当孩子长到你现在的年龄时，你已经多少岁了？周围的环境、人们的生活方式又发生了怎样的变化？

在意识到这一问题之后，你依然要把自己的想法强加给孩子吗？

妈妈如果平时就能清楚地意识到这个问题，建立正确的认知及观念，我想对于"应不应该即使冒着让孩子心灵这片田野干涸开裂的风险，即使花费自己巨大的精力，也要给孩子灌输自己的想法"这个问题，就能轻松得到答案了。

总之，这里要再强调一下，大人们的"种植"行为容易使孩子这片心灵的田野面临干涸僵硬的风险。

而且，妈妈通过"种植"教给孩子的东西，孩子能够在必要的时候自己学会，无论具体是什么时候，而且孩子从他的朋友、老师那里也可以学到这些东西。

在日新月异的社会里，让孩子这片心灵的田野上种植的植物能够随时代和环境的变化而更新迭代尤为重要，为此，必须注重培养"心灵这片田野的养分和柔软性"，这是培育新植物的基础。

◎ 心灵的田野只能由特别的人来耕耘

为了培育"丰富的内心"，必须有一个人来持续地耕耘孩子的心灵。

孩子会向特别的大人（不是人群中随便一人）敞开自己的内心，那么为了建立孩子的人格，这个特别的人在某种程度上要持续耕耘孩子的心灵。

孩子懂得并不是对所有大人都会平等地敞开内心的大门。孩子特别期待让这个特别的人（多数情况下是妈妈）来耕耘自己的心灵。

也就是说，"种植"这项工作谁都可以来做，但"耕耘"却不是谁都能做的。所以，从这个意义上来说，妈妈不要在"种植"上耗费太大精力，而应该把重心放在"心灵田野的耕耘"上。

为什么呢？因为这项工作关系到孩子未来生活的难易程度。

而且，意识到这个问题之后，命令和管教孩子的时间会大幅缩减，妈妈应该会明显感到育儿变得轻松，并且乐在其中。

这就是我所说的"对孩子的心灵，不能种植，而要耕耘"。

根据自己的情况，把"种植"减少到最低程度，逐渐开始"耕耘"孩子的心灵。

这样，我想妈妈也能从过度管教的强迫观念中解放出来，变得轻松快乐。

"种植式育儿"和"耕耘式育儿"

妈妈对孩子将来的影响有"种植"和"耕耘"两种,下面进行具体说明。请理解这两种育儿方式,并灵活运用。

◎ 给孩子"种植"指什么

再重复一遍,给孩子"种植"指的是把知识、处事的原则底线、禁止的行为、礼节等自己所掌握的东西教给孩子。

例如,"筷子不是这样拿的""把鞋摆齐""不要在马路上跑跳"等都是给孩子"种植"的内容。

种植的主要是为了让孩子掌握日后生活所必需的东西,比如处世规矩、学问等,是大人教给孩子的单方面行为。

教授"应该做什么""禁止做什么"这类单方面强制行为基本上都相当于"种植"行为,最常见于学校教育、伦理道德、礼仪及常识教育。这些说好听点称为"教育",如果说难听点就是"洗脑",说得再难听点就是"家畜化"。

人类在驯养动物时基本上就是使用这类"种植"行为来调教。所以,育儿时这种"种植"行为过多会让孩子的心灵田野变得干涸,孩子会失去自我思考及自我感情调节的能力,长大以后生活会特别困难。

本书将这类行为称为"种植式育儿"。

◎ "耕耘"孩子的心灵指什么

"耕耘"孩子的心灵指的是对于孩子的任何表现,妈妈都给予反馈,例如表示理解或共鸣,或者做出相应的反应。

比如,听到孩子的发言后,妈妈反过来问"你为什么这么想呢";孩子因为磕到头而哭鼻子,妈妈说"很疼吧"之类可以让孩子感受到妈妈能够感同身受的行为。

与孩子的眼神交流、肌肤接触、笑脸等肯定的反应都是最基本的"耕耘"孩子心灵的行为。

"种植"行为教给孩子的是孩子原本没有的东西,与教给孩子外部新"知识"的"种植"行为不同,"耕耘"是妈妈对孩子内心已有的感受及情感给予肯定的回应,让孩子自己"调整内心",让孩子通过这种方式慢慢地建立自己的"人格"。

本书将这类行为称为"耕耘式育儿"。

▼ "种植"和"耕耘"的区别

妈妈把自己想要教给孩子的知识和感受灌输给孩子,原则上忽略了孩子的感受。

孩子首先表达自己的感受,然后妈妈给出"肯定的反馈",孩子接收到妈妈的反馈后调整自己的内心。

对照一下你是"种植式育儿"还是"耕耘式育儿"

可能还有的妈妈不知道什么是"种植式育儿",什么是"耕耘式育儿"。第14~15页是帮助妈妈们区分"种植式育儿"和"耕耘式育儿"的简易对照表。

试想一下"如果我是孩子,自己想要什么样的妈妈呢",应该大多都想要"耕耘式育儿"的妈妈吧。

但是,并不是所有的"种植"行为都是禁止的,如前所述,甚至有些"种植"行为是育儿过程中必不可少的,同时也不要急于"耕耘式育儿"。请保持轻松的心态,思考一下"这两种方式有什么区别",并将此作为借鉴和参考。

▼ "种植式育儿"和"耕耘式育儿"简易对照表

1. 对孩子的感情

- □ "种植式育儿"：（对孩子的将来）期待
- □ "耕耘式育儿"：（对孩子的现状）感兴趣，关心

2. 对孩子的口头禅

- □ "种植式育儿"："想要你成为这样的人。"
- □ "耕耘式育儿"："你想成为什么样的人呢？"

- □ "种植式育儿"："不要想那些了！"
- □ "耕耘式育儿"："当时你是怎么想的呢？"

- □ "种植式育儿"："我做这些是为了你。"
- □ "耕耘式育儿"："你想怎么做呢？"

3. 对孩子的想法

- □ 🌱 "种植式育儿"："想让孩子再多理解我一点！"
- □ 🪏 "耕耘式育儿"："想要再多懂孩子一点！"

4. 对孩子的评价

- □ 🌱 "种植式育儿"："你真优秀啊！"
- □ 🪏 "耕耘式育儿"："你好有趣啊！"

"耕耘式育儿"的两大策略

"耕耘式育儿"有两大策略。

从第2章起，本书开始介绍这两大策略的具体内容。

◎ "放牧式"育儿

第2章、第3章将帮你制定"耕耘式育儿"的框架。对于尚不熟悉"耕耘式育儿"的人来说，把他们原本的育儿方式嵌入到自然而然掌握"耕耘式育儿"的框架中会更为方便。

那么，自然地变成"耕耘式育儿"的方法就是"放牧式"育儿。

乔式育儿法将此称为"放牧理论"。

对于有育儿苦恼的妈妈们来说，这是最无压力的、最合适的育儿方法，所以妈妈们一定要尝试实践一下。

◎ 成为"超级妈妈"

第2章、第3章讲完"放牧式"育儿的框架后，第4章、第5章会讲解在这一框架中，妈妈自身应该如何做以及如何对待孩子。一言以蔽之，要点就是成为"超级妈妈"。

如果妈妈能够成为"超级妈妈"，仅凭此就可以解决自己面临的大多数育儿问题。

后续将详细讲解成为"超级妈妈"的内心调适方法及具体做法。

首先让你的育儿方法符合"放养理论"，然后学着做一位"超级妈妈"。只要把这些做好，从现在起你就可以成为"耕耘式育儿"的达人。

不要急于求成，慢慢转变，享受其中的乐趣，让孩子看到脱胎换骨的妈妈吧。

第 2 章

"放牧式"育儿

像"放牧"一样养育孩子

我们之前已经讲过"耕耘式育儿"可以让孩子生活得更容易。现在我们开始讲解"耕耘式育儿"的"放牧理论"。

乔式育儿法的"放牧理论"如字面意思所言,指的是像"放牧"一样养育孩子。

◎ **在育儿中制定规则和底线**

在日常生活中,妈妈不要事无巨细地一一指教,而是给孩子制定"应该遵守的规则和底线",孩子的生活都在妈妈制定的这一底线内进行,"只要在底线范围内,就可以按照你喜欢的方式来育儿!"在这一模式下,不仅孩子拥有了自由,而且妈妈和孩子都不会感到压力。

妈妈制定的"让孩子遵守的规则和底线"在放牧理论里被称为"围栏"。

◎ 放牧理论中"围栏"的作用

"围栏"是为了保证孩子的安全、家庭的秩序和妈妈自己的精力,是要求孩子应该遵守的规则和底线(后续详述),例如,"去上托儿所""要睡午觉""下午茶点的量""晚上最晚几点睡觉"等。

作为"围栏"制定的规则和底线是要求孩子必须遵守的,在此底线之外的,比如掌握更多的技能、增长更多的本领等,原则上是不要求孩子必须遵守的。

只要在妈妈制定的"围栏"规则范围之内,孩子基本可以自由成长,妈妈只需要给予孩子温暖的守护、肯定的回馈,有时间的时候陪着孩子一起游玩欢闹,快乐地度过每天的生活。

这样一来,孩子的内心会变得出奇安定平稳,亲子关系也能向好的方向发展,孩子的心灵得到了耕耘,自我肯定感越来越高,生活也变得得心应手。孩子会根据自己的想法和能力来增加对自己来说必要的本领。

对于一直热衷于"我必须教给孩子生活方法"、一味地"种植式育儿"的妈妈们来说,可能直观理解这个新观念有些困难。

但实际上这是有道理的。

◎每个孩子都拥有自己独特的能力

每个人生来都具有与自己相适应的特性，且这种特性互不相同。所以，每个人发展什么样的能力、用什么样的方法去发展这种能力，都是因人而异的。

孩子也是这样的，如果不根据孩子自身的特性选择合适的方法，即使是本该适合孩子的本领，孩子在这方面的能力和才华也无法很好地得到提升。

与妈妈急于提高孩子的能力和才华而采取这样那样的"种植"行为相比，不如尽量给予孩子自由，发挥出孩子自身的特性，这样不仅妈妈对育儿感到轻松，孩子的成长也会十分迅速。而且，妈妈在守护孩子自由成长的过程中会慢慢发现自己孩子的"特征"和"特性"，能帮助孩子更好地提升他们的能力和才华。

而且，在妈妈"放牧"的过程中，孩子的心灵也得到了持续的耕耘，吸收新知识的能力也得到了提升，于是孩子就能慢慢地依靠自己的能力吸收必要的知识。

孩子是靠自己长大的生物

◎ 孩子不是妈妈"培育的物品"

脱离反复的说教，让孩子自由地成长，可能有的妈妈对此仍难以直观地理解。这样的妈妈不妨试着先从孩子是靠自己长大的生物开始理解。

孩子并不是妈妈"培育的物品"。在妈妈这一环境里，孩子是"自己长大的"。

诚然，如果没有妈妈给予的衣食住的环境和爱，孩子不可能长大。

但也不能因此就说孩子是"妈妈培育长大的"。

拿"黏土手工艺品"和"观叶植物"打比方就能很好地理解了。

黏土手工艺品是依靠你亲手制作才能完成其一生的"物品"。

也就是说，黏土手工艺品是你"制作"的物品。

但是，与黏土手工艺品不同，观叶植物是"自己长大"的生物。

虽然如果你不浇水施肥，观叶植物可能也无法长大，但吸收这些养分、伸展枝叶的是植物自身。它们不像黏土手工艺品一样，需要你的牵拉捏拽才能长大。

孩子和植物一样，从本质上来说是靠自己长大的生物，至少和黏土手工艺品是非常不一样的。

所以，孩子未必像黏土手工艺品一样需要你的反复揉搓，孩子置身于其所在的环境，经过反复的各种实验，会以他自己的方式来学习。

◎ 孩子是这个世界的"初学者"

在大人看来，孩子放任不管的话就只知道玩耍，只会做无用功。妈妈们也许心想"让孩子玩耍还不如记个偏旁部首呢"。

但是，孩子刚离开妈妈肚子不久，可以说是"这个世界初体验"的初学者。

所以，<mark>对孩子来说，在这个世界上体验的事情基本都是初体验</mark>，这些会成为今后生存必需的感觉和知识。

例如，"爬上去是什么感觉呢""啊，原来是这种感觉""但是，如果从那里跳下去的话，也会这样疼吧"，这类事情在大人看来已经是大家都知道的理所当然的知识，但对于"这个世界初体验"的孩子来说，这种事情仍是应该学习的新感觉、新知识，只有亲身体验过，孩子以后才能建立"不能从比这个高度还高的地方掉下去"这样的危机管理意识，也会建立"不要把他人从这样的高处推下去，因为会很疼"这样为他人考虑的意识。

也就是说，孩子并不是只学习偏旁部首或者加法运算等妈妈想让孩子学会的知识就可以的，更要通过日常的游戏、与妈妈进行内心的交流来掌握更为重要的"本能"和生存所必需的"身体感觉"。

把放牧的"围栏"范围扩大

在"放牧理论"里,为让孩子掌握生存必需的感觉和知识,原则上要把限制孩子的"围栏"范围尽量扩大。也就是,妈妈制定的"这不能做""这不能不做"等这样的限制和规定要尽量减少,尽量增大孩子能够自由活动的范围。这样不仅增加了孩子自己学习的机会,也能让他们更好地发挥才能和特性。

◎ **妈妈要努力减少规则**

不用说,孩子如果放任不管的话,即使是危险的行为孩子也会照常去做。甚至孩子还可能去做违背道德的事,去做妈妈绝对不希望他做的事情,还可能会惹妈妈生气。

但是,如果为这些事情设定了"围栏",孩子却没有遵守的话,最后对他们来说便没有任何意义。

其实，很多时候即使没有"围栏"，也能够通过妈妈的努力避免许多情况。

比如，对于孩子不能触碰的危险物品，如果妈妈一开始就把它放在孩子够不到的地方，即使不用告诉孩子"不要摸这个！"这个规矩也没有问题。

通过这些努力，束缚孩子的规矩会出乎意料地大幅减少，试想一下，这样一来，妈妈唠叨孩子的概率会大大减少，育儿也就变得轻松了。

"放牧理论"里的"放牧"指的是把孩子放在广阔的牧场里面，观察孩子在这个牧场里的自由行动，从中探索孩子"适应其自身的特性"。

但是，如果围栏太过狭窄，那就不是牧场了，而是变成了牢笼，实际是把孩子五花大绑般地限制束缚住了，那么孩子就无法成长了。

◎ "放牧"和"放养"不同

相反，如果把"围栏"范围设定得过于宽泛，那就超越了"放牧"的含义，成了"放养"，要提前注意这个问题。

那么,"放牧"和"放养"有什么不同呢?在"放养式育儿"里,妈妈是没有"围栏"概念的,也就是说妈妈没有"要监护孩子成长"这一意识。

妈妈如果没有用"围栏"限制孩子这一概念的话,实际上就等同于对孩子放任不管,怠慢忽视育儿,允许孩子做任何事情,变得溺爱孩子。

"围栏"范围过于宽泛就变成了"放养",过于狭窄又变成了"束缚"。看到这里妈妈们可能在苦恼,如何把握"围栏"范围的度更好呢?到底要怎样给孩子设定规矩和限制呢?

实际上,妈妈们没有必要过于纠结"围栏"的范围。

因为"围栏"的广度应该根据孩子的年龄和具体情况时常进行变化。也就是说,对于"设定怎样的范围更好"这个问题,答案并不是一成不变的。

所以,最开始并不需要如此周密谨慎的思考,妈妈先从自己不感到压力的部分开始,想着"大致是这个范围吧",先试一试范围。

进展可能会出乎意料地顺利,在施行的过程中通过观察孩子的反应,逐渐就能找到更合适的"围栏"的范围。

设置放牧的"围栏"

那么该设置怎样的规矩作为"围栏"呢？

没有"必须立这个规矩"这样的说法。根据妈妈和孩子的性格、家庭的情况、孩子的年龄，或者"妈妈对于孩子的什么行为感到有压力"这些情况，用来限制孩子的规矩可以随时变化，所以妈妈随时确定制定哪些规矩就好。

对于不知道从哪里开始制定规矩的妈妈来说，可以首先尝试从"如果不遵守，生活将不能正常进行"这样的与"生活秩序"相关的规矩来设定"围栏"。

◎ 制定"生活秩序"作为"围栏"

根据家庭的具体情况，孩子需要遵守的"生活秩序"可以包含各种各样的具体内容。

▼ 制定生活秩序作为"围栏"

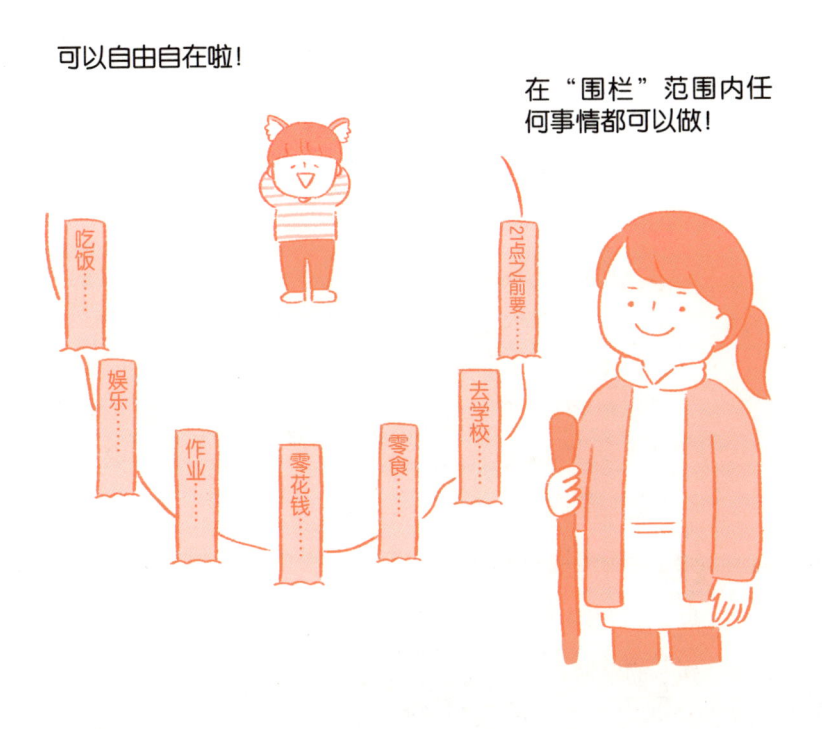

可以自由自在啦！

在"围栏"范围内任何事情都可以做！

吃饭……　娱乐……　作业……　零花钱……　零食……　去学校……　21点之前要……

第2章　"放牧式"育儿　031

但是，只要不给妈妈带来压力，基本上都可以。

下面举一个例子，然后你根据自己的家庭生活秩序，试着制定自己的规则。

轻松制定作为"围栏"的生活秩序规则

- 就寝时间。
- 开饭时间。
- 去上托儿所和学校。
- 是否午睡。
- 零食的量。
- 零花钱的额度。
- 作业怎么完成。
- 娱乐和看电视的时间。
- 此外，妈妈个人感觉"孩子不做到这一点，自己就会很焦躁"的事情。

再重复一次，"围栏"理想状态是要设置得比较宽泛，所以以上内容不一定要完全制定，只设定必要的部分就可以。

▼ 作为"围栏"的生活秩序具体示例

1. 21点之前睡觉。
2. 被叫吃饭后马上到餐桌。
3. 除身体原因外一律按照规定的时间上学。
4. 每天零食的量只限于分装到盘子里的一份。
5. 零花钱每月500日元。
6. 做完作业再出去玩。
7. 每天最多1个小时的游戏时间。
8. 待洗衣物要放进脏衣篓里。
9. 到家后马上整理书包。

◎围栏不要"目标过高",要设定为"孩子能够遵守的程度"

其实,从根本上讲,遵守生活秩序并不是"放牧理论"里必须的一部分。

因为孩子与生俱来的特性,有些孩子天生就不擅长让生活井井有条,即使是有这一能力的孩子。因为现在的生活秩序已经混乱,即便调整规范也不能马上走上正轨。

所以,不要设定过高的目标,首先从孩子能接受的程度开始,并且从避免让妈妈产生较大压力的事情开始来设定"围栏",等孩子适应之后,再慢慢调整完善。

建议把提升学习能力往后放

◎ "学习能力"的培养与"人格"养成相关

现在很多妈妈都急着培养自己孩子的"学习能力",但是强制性灌输式学习会使孩子大脑对新知识的"吸收能力"下降。

强行灌输不一定会影响孩子的考试分数,但会对孩子的"人格"养成造成障碍。

如果孩子在人格方面没有得到成长,一旦没有了妈妈的强制力,不仅孩子完全不能靠自己的能力掌握新本领,而且将过去所学变通为适用于现状的能力、自主学习其他领域的能力及欲望、与他人同感的能力、稳定自己情绪的能力、挫折时重新站起来的能力等都会丧失。

相反,与优先被灌输学习能力的孩子相比,优先被重视心灵耕耘的孩子这些"人格方面的能力"都得到了显著提升，不管孩子长到多少岁，只要自己想学，就能够学习自己想学的东西。

◎ 先耕耘内心的田野，再提升学习能力

这里并不是完全否定要提升"学习能力"，而是在提升学习能力之前，妈妈要先耕耘孩子"心灵的田野"，让孩子在"人格层面"变得柔和稳重，孩子必须自己主观上充满干劲，才能全力以赴地学习。

如果没有"心灵的耕耘"，孩子对所学习内容的"吸收能力"会下降；如果强行"灌输"，将会在很大程度上牺牲"人格层面"的发展，会对孩子往后的人生造成障碍。

因此，综合以上的内容，在育儿方面让孩子"强制性"学习是性价比特别低的做法。

总是感慨"我明明教自己孩子学习了，可是孩子就是不学"的妈妈先回想一下：自己培养让孩子自己想要学习的主动性了吗？为了让孩子自己想学习，在平时就注意耕耘孩子的心灵了吗？

孩子井井有条的生活秩序会让妈妈变得温柔

◎ 井井有条的生活让内心变得平和

我为什么建议妈妈们给孩子"种植"生活秩序呢，因为这与孩子"心灵田野的耕耘"相关。

生活秩序本身虽是"种植"行为，但却可以让母子关系变得更加健康，孩子的精神世界也会更加健全，更容易听妈妈的话。如果生活秩序井井有条，妈妈也能腾出精力来耕耘孩子的心灵。而且，有充足的时间及精力之后，妈妈会有主动去耕耘孩子心灵的主观意愿。

孩子自己的内心平和稳重之后，妈妈看到这么稳重的孩子会感到孩子很可爱，妈妈"想耕耘孩子的心灵（想要笑脸面对孩子、想要有肢体接触、想要给予肯定的回馈）"的欲望会更加强烈。

也就是说，孩子井井有条的生活秩序也会对妈妈的生活秩序产生影响，妈妈和孩子内心的安定状态互相增强、相辅相成。

◎ 初始阶段仅种植生活秩序

热衷于"种植式育儿"的妈妈大多日常事务缠身，心理上、时间上都特别紧张。

因为妈妈处于紧张状态，所以对孩子就一味地希望孩子唯命是从，陷入"种植式育儿"。

但是，这样的结果就是孩子"人格层面"的基础得不到建立，随着孩子一年年长大，育儿会变得越来越困难。

现在就有这种感受的妈妈可以先把"学习能力"等放在一边，试着把对孩子的"种植行为"集中到与生活秩序相关的问题上来。

也就是说，"围栏"只对与生活秩序相关的方面进行约束，其他方面姑且先降低期望值。

这样的话，孩子的内心会变得安定稳重。

妈妈也可以耕耘孩子的心灵。

孩子也更容易接受学习，吸收能力也得到提升，甚至可能还会开始快乐地享受学习。

对于本来就不擅长井井有条地生活的孩子来说，一开始不要设定过于严格的规定，先从目前孩子能够遵守的程度开始，再慢慢向理想的生活秩序靠近。

第 **3** 章

"放牧理论"实践篇

3

让孩子遵守"围栏"规则的方法

◎让孩子遵守"围栏"规则时妈妈要从容

现在开始讲解如何让孩子不翻越妈妈设定的"围栏"。

我想应该有不少人有这种情况,不管让孩子做什么,不管什么事情,都是抱着"不能不尊重孩子的想法"的态度去跟孩子沟通,可结果却是只能对孩子百依百顺,而孩子一点都不听妈妈的话。

在不让孩子翻越"围栏"时,妈妈不要过于照顾孩子的情绪,不要战战兢兢,从最开始就要建立"超级妈妈"的意识,让孩子遵守"围栏"规则时要从容冷静。

这样孩子会出乎意料地乖乖遵守"围栏"规则,并放弃翻越"围栏"的想法。

为什么呢?因为妈妈如果像讲理所当然的事情一样从容冷静,

孩子会想"好像即便我耍性子也是徒劳",于是就会慢慢地打消翻越"围栏"的念头,自然就会遵守"围栏"规则了。

◎ "应当应分"的事情会机械地照做

如果妈妈们觉得不好理解的话,请试着这样想一想。

我猜肯定有在公司上班的读者妈妈吧。

请这些读者试着思考一下。我想正是因为这些读者每天都把"我要去公司"当作应当应分的事情,才不会对去公司上班这件事感到那么厌烦,每天早晨去上班时才能平心静气。

但是,如果不这样想呢?

如果这些读者被赋予了每天早晨可以选择出勤或者缺勤的权利,还能像现在一样什么都不想,平心静气地去上班吗?

这样的话,这些读者恐怕每天早上都会纠结要不要去上班了,很难像现在一样每天机械地去公司上班,每天早晨都会涌出"去上班好烦"的情绪。

对孩子来说也是这个道理。

当妈妈想让孩子养成孩子自己不愿意养成的习惯时,与其一直唠唠叨叨，不如做一个"超级妈妈"，用"做这件事情是应当应分"的这种无须争议的口吻，这样孩子更容易果断放弃不听话的念头，乖乖听妈妈的话。

如果孩子屡次翻越"围栏",不如将"围栏"范围扩大

◎ **无论如何都圈不到"围栏"范围内**

正如前面所讲,原则上要让孩子遵守制定的"围栏"规则。

不是反复地唠唠叨叨,而是每次都像应当应分的事情一样,从容果断地跟孩子讲规则,多数情况下,孩子就能轻轻松松地遵守"围栏"规则了。

但无论如何,"围栏"终究是妈妈制定的,实际施行时因孩子的年龄或脾气性格不同,有时会屡次翻越"围栏",无论如何都没办法把孩子圈到"围栏"范围内。

这种情况,虽然必须遵守的规则不能翻越,但试想一下,如果把"围栏"范围扩大,就不会有这个麻烦了,而且如果保持"围栏"现在的范围的话,亲子关系会恶化,孩子心灵的田野会干涸僵

硬，那么不如索性把期待值下调，姑且先将"围栏"范围扩大，效果可能会更好。

如果妈妈果断放弃把孩子圈在原来"围栏"范围内的想法，直接把"围栏"范围扩大，孩子的内心会变得安定平和，妈妈也能耕耘孩子的内心，如果孩子内心安定了，就不会再想着要翻越"围栏"了。

◎ **互相让步找到妥协点**

举个例子，比如妈妈不能忍受回家时看到家里乱七八糟的样子，于是给孩子设立了一条规矩："我下班到家之前，提前把屋子收拾好！"也就是放牧理论中的"围栏"。

这样一来，妈妈到家之后就不会烦躁着急，就可以努力去耕耘孩子的内心。

但是，如果再三强调孩子都不遵守的话，妈妈回家之后肯定会对孩子大发雷霆。

如果是这样的话，妈妈不妨试着这样想："自觉整理房间这件事情，对于孩子现在的年龄来说可能还有点难度吧。"

这时可以转变一下，例如每天下班离开公司时给孩子打一个电话:"我现在回家,马上收拾房间。"

这样一来,孩子接到妈妈的电话之后可能就会去收拾房间了。

但也有可能,即便妈妈尝试转变使用了新方法,回到家后孩子还是没有收拾房间,于是可能每天都为"为什么我都打电话了,还是不收拾房间呢!!"而感到生气。

如果这种情况持续发生,妈妈可以再次降低期望值,"如果我不在眼前的话,可能孩子是不会收拾房间的吧",然后取消原本"回家前把屋子收拾好"的规矩,变为到家之后立即跟孩子说"现在开始收拾房间吧"。

这样一来,妈妈就在孩子眼前,孩子可能就自然而然地开始收拾房间了。

◎ 如果"围栏"已被翻越,不如将其取消

这时妈妈原本"希望回家时房间已经收拾好了"的期待就已经大大降低了。妈妈可能心想"为什么我必须做这么大的让步呢!""如果孩子把房间收拾好就好了",这种想法我特别能理解。

但是，面对这种情况时，妈妈不妨试着这样想一想。

"我有必要每天哪怕破坏家庭氛围，也要坚守我的原则吗？"

孩子的大脑本就尚未发育完全，所以他们并不会井井有条地做事情，也不懂得要合乎伦理道德。像整理房间这样的有条理的活动需要通过"内心的耕耘"来掌握，而非妈妈的"种植"。

也就是说，现在还不会整理房间的孩子日后经过妈妈的耕耘，内心会变得柔和，心理状态会安定沉稳，这样就会慢慢地懂得要整理房间，成为内心沉稳的人。

但是，如果妈妈每天都大声责骂孩子："必须收拾房间！"孩子的内心会因为妈妈的责骂而日渐干涸僵硬。

孩子的内心干涸僵硬之后，无论何时都不会再有"我可以收拾房间"这样的安定感和稳重感了。

如果这样的话，会怎样呢？妈妈是不是已经不知道自己为什么生气了？

妈妈大声呵斥"收拾房间"本身是因为孩子没有收拾房间。

所以这时妈妈为了有一个良好的情绪，首先可以尝试降低期待值。这与其说是为了孩子，不如说是为了妈妈自己。

为什么呢？因为妈妈有一个良好的情绪之后，就能主动地去耕耘孩子的内心了。而且，孩子的内心得到耕耘之后，将来有一天就能感受和理解妈妈的心情。

所以，妈妈不如试着果断放弃"明知道孩子做不到，自己还因为孩子做不到而生气"的事情。如果"围栏"屡次被翻越，不如将其取消，这样反而能维持"妈妈不允许翻越围栏"的形象。

无论如何妈妈不要总是自己忍受，想一想"这个范围应该可以吧"，去降低自己的期待值，扩大"围栏"范围，首先要让孩子愿意听妈妈的话，这样妈妈才能始终如一地去耕耘孩子的内心。

与孩子的内心变得干涸僵硬相比，这样对于妈妈和孩子来说更充满希望。

"放牧理论"打消对孩子的罪恶感

"放牧理论"是面向苦恼于育儿的妈妈们的育儿方法。所以，本书从现在开始向迄今为止感到育儿困难的人们讲解"放牧理论"的具体方法。

请妈妈们一定试着了解这一育儿方法带来的启示和效果。

◎ **写给对孩子过于严格的妈妈们**

不管什么事情都会生气、对孩子特别严格的妈妈应该不在少数。

这样的妈妈不妨试着应用"放牧理论"，按照下面的方法整理下自己的思路。

现在这些妈妈的观念是"对'孩子'严格"，从今天起，请这些妈妈试着把自己的观念从"对'孩子'严格"转变为"对'围栏'严格"。

然后,试着把自己对孩子的要求从之前的全部以"围栏(规矩)"的形式逐条写下来,转变成让孩子对"围栏"外围的事情彻底断了念想。降低对孩子成长的期望值,转变为"总会有办法的"的心态。

"孩子是靠自己的力量成长的",在信任孩子的基础上,严格遵守作为"围栏"被设定的规矩。

这样一来,妈妈就会在自己意识中成为"对围栏严格的妈妈",也就可以凭此成为孩子眼中"温柔体贴的妈妈"。

也就是说,妈妈要明确对"围栏"严格、对孩子温柔的意识,这样就容易管理自己的情绪了。

这样一来,妈妈对孩子的罪恶感应该也就能消除了。

◎ **育儿出问题不是因为孩子或妈妈,而是因为"围栏"**

对于"围栏"没有规定的事情,妈妈之后可能还是会对孩子生气,但与其忍受怒气,不如试着这样想一想——

"这不是因为孩子不行,也不是因为我不行,是因为我设定的'围栏'的种类、位置或者广度出现了问题。"

妈妈养成生气时立刻反思"围栏"这个气愤源头的习惯,这样日后再生气时,也就能在一定程度上理解自己生气的原因了。这样的话,不仅妈妈的怒气能够平息,而且孩子的内心也会更容易得到耕耘。

这个方法的好处是孩子会懂得"做什么事情会让妈妈生气"。

妈妈把自己会感到生气的事情以"围栏"的方式体现出来,适当归纳总结,如果以"这样的事情妈妈是会生气的""但是这之外的事情妈妈不会生气"这样容易理解的方式整理出来并告诉孩子,即使是不知道妈妈会对什么事情生气的孩子,也能慢慢地容易理解"什么事情不能做"了。

写给认为"自己没有育儿能力"的妈妈们

◎ 妈妈应该对孩子做的两件事情

认为"自己没有育儿能力"的妈妈可以先试着把一般情况下"妈妈对孩子应该做的事情"分为以下两类来考虑。

妈妈应该对孩子做的两件事情

① 告知孩子做事的底线
② 提高孩子的能力和才华

其中，告知孩子做事的底线是为人母的责任，而提高孩子的能力和才华则可"凭孩子的特性和天赋来发展"，妈妈在这个过程中只需要给孩子"支持"。

这样一来，妈妈即便不用"自己的能力"，也能让孩子健康全面地成长。

告知孩子做事的底线，比如最常见的：不准对他人施以暴力、不准突然跑到汽车前方，即使是没有"育儿能力"，只要是成年人都能教授孩子一定的做事底线。

所以，即便是没有育儿能力的人，也能准确地教给孩子做事的底线，而且其判断不会出错。

这里告知孩子做事的底线，其实就相当于"放牧理论"中的"围栏"，我想悟性好的妈妈已经理解到这一层了。

做事的底线守护着孩子人生，至于"孩子怎样长大，孩子有一个怎样的未来，这些事情就交给孩子自己吧"，这一态度也会传达给孩子"妈妈信赖孩子"的信号。

也就是说，接收到这一信号的孩子会深切地感受到"自己是被妈妈信赖着的！""也就是说我是一个值得信赖的人"。

这种"信赖"对于孩子来说即是"内心的耕耘"，孩子感受着被妈妈守护着的安心感，会主动去构筑自己的未来。

<u>这种"妈妈的信赖"对孩子"内心的耕耘效果"是极大的。这是妈妈"耕耘孩子内心"效果最好的方法之一。</u>

第3章 "放牧理论"实践篇

◎自认为"没有育儿能力"的人也有机会

也许有点讽刺的意思，但有着"要成为这样的人""不准做这样的事"这样那样的具体期待、一味对孩子"种植"的妈妈传达给孩子的信号是"我不信赖你，所以按照我说的做就行"，这样的话，孩子的主动性得不到激发，最终会成为一个缺乏进取心、缺乏朝气的人。

孩子的内心甚至可能会变得干涸僵硬。

所以从这一点来看，我想这对于自认为"没有育儿能力"的妈妈而言，在某种程度上也是一个机会。

如果自认为没有育儿能力，可以把孩子自身的成长及能力提升交给"孩子自己的成长力量"。

然后再加上妈妈每日对孩子内心的辛勤耕耘，孩子自己的成长力量就会得到最大限度的提升。

仅仅设定做事的底线（"围栏"的设定），妈妈履行为人母的责任，准确地教给孩子这些底线，守护孩子，即便不靠自己的育儿能力，也能达到比身边多半"靠自己育儿能力来育儿的妈妈"更好

▼ 育儿的"主体"是妈妈，还是孩子？

靠妈妈的能力育儿

"种植式"育儿

孩子对自己的人生没有主动性，没有进取心

任孩子凭自己力量成长

"耕耘式"育儿

孩子对自己的人生有主动性，能够构筑自己的未来

的效果。

尺有所短，寸有所长。所以，没有必要总是纠结自己不具备的能力，没有必要总是哀叹："明明应该具备这种能力的呀！"

如果没有育儿能力的话，那就按照没有育儿能力的方式来努力，只要能够向着希望的结果接近就可以，我想人生本来就是这样的。

写给不认为自己孩子可爱的妈妈们

有很多妈妈不觉得自己家孩子可爱,而且我感觉这类妈妈的数量甚至明显多于大家所想。如果妈妈不止一个孩子,那么类似"二儿子很可爱,但是大儿子不可爱"这样感觉兄弟之间可爱程度存在差异的情况也是屡见不鲜。

我认为这是正常的。为什么呢?因为虽说是母子,但既为人类,那么存在双方是否投缘的问题也是理所当然的。

◎摒弃"必须由我养育"的想法

不认为自家孩子可爱的妈妈对自己是否能好好地向孩子倾注爱意没有自信,因此产生负罪感,继而又会感到自己不能养育好这个孩子,深深苦恼于责任感的重压,便愈加容易对孩子生气发火。我想这种情况应该很多。

这样的妈妈可以试着先从"养育"孩子的概念里脱离出来。

妈妈不要想着必须自己养育孩子,根据"放牧理论"制定"围栏",按照第4章介绍的方法,成为"超级妈妈",处理好与孩子的关系,孩子就可以依靠"孩子自身的力量"成长。

为什么呢?因为如前所述,孩子是"自己长大的生物"。所以,妈妈不要妨碍孩子自身的成长,而且如果孩子的内心能够得到耕耘,自身也能成为自己成长的"支持"。

放下"孩子必须由我养育"的压力,**在每天的生活里与孩子好好相处,试着做一些疼爱孩子的"动作"。**

"疼爱"孩子不是"感情的问题"。

妈妈必须给予孩子表示"疼爱"的"动作"。

孩子是看不到妈妈的内心的。孩子看到的只能是妈妈的"动作"。孩子只能看到妈妈的动作之后,再推测妈妈的内心。

所以,即使妈妈不认为孩子可爱,如果对孩子做出了疼爱的"动作",就是在好好疼爱这个孩子,孩子的内心也得到了很好的耕耘。

▼ 不是用"心"，而是用"动作"表示对孩子的爱

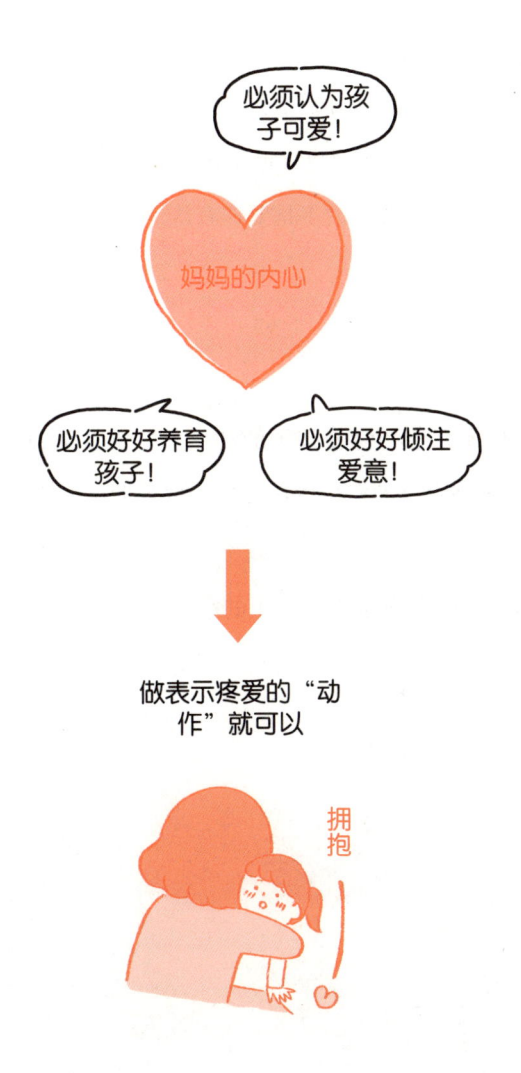

必须认为孩子可爱！

妈妈的内心

必须好好养育孩子！

必须好好倾注爱意！

做表示疼爱的"动作"就可以

拥抱

第3章 "放牧理论"实践篇 061

◎妈妈疼爱孩子的"动作"让其内心得到耕耘

读这本书的妈妈应该知道了孩子是"重要的存在"。即使不认为孩子可爱，在读这本书时也肯定充满了要"珍视"孩子的想法。

所以，妈妈首先要做的不是要拥有认为孩子可爱的"心境"，而是在"珍视孩子"这一想法的基础上，试着做一些耕耘孩子内心的"动作"。在开始阶段这就足够了。

第4章具体介绍"疼爱孩子的动作"，不认为自家孩子可爱的妈妈可以先把自己的想法放在一边，试着做一下第4章所列举的动作。

仅仅做这些动作就能够让孩子的举止发生改变。妈妈对孩子的感情应该也会逐渐发生变化。

第 4 章

成为"超级妈妈"
【方法1】重视氛围

"超级妈妈"战略改善亲子关系

第3章说明的是育儿的"框架"。

即根据"放牧理论"养育孩子。

第4章将讲解"在这个框架中,妈妈具体应该如何做"。

一言以概括,即做一个"超级妈妈"。

具体做法将从第81页开始在"方法1"部分介绍。首先介绍一下"超级妈妈"是什么和"超级妈妈"的3个原则。

◎ **做一个"超级妈妈",解决育儿问题**

不论因为什么理由苦恼于"作为妈妈,不知道怎样和孩子相处"的妈妈们可以先试着成为"超级妈妈"。这样一来,我想这些妈妈面临的育儿问题大多都能得到改善。

这里的"超级妈妈"未必是让妈妈们一定向着大家公认的"好厉害"的妈妈努力。

大家如何看待并不重要，重要的是在自己孩子看来"我的妈妈好厉害"。

妈妈们要为了这个目标去试着改变自己的做法和态度。

这样的话，即便妈妈不热衷于给孩子"种植"，孩子也能主动地去适应自身的特性，成为更好的自己。妈妈要做的就是在这个过程中"支持"孩子，仅此足矣。

◎ "超级妈妈"的魅力

为什么说"超级妈妈"更好呢？因为"超级妈妈"有着不同于其他类型妈妈的魅力。

为了更好地理解，下面我们试着与其他类型的妈妈比较一下。

如果在孩子看来是"可爱的妈妈"会怎么样呢？

如果这样的话，妈妈就无法在孩子眼里建立起一个可依赖的形象，甚至处理不当的话母子的角色还可能会倒置。

那如果给孩子的印象是"漂亮的妈妈"呢？

这样的话，在孩子看来，妈妈可能就是一个与孩子相比更在意自己外在的遥远存在。

如果是"强势的妈妈"，孩子可能会害怕、畏畏缩缩。

如果是"温柔的妈妈"，孩子就会太过柔弱、不可依靠。

如果是"值得敬仰的妈妈"，那么孩子与妈妈之间就会有距离感。

如果是"坚毅的妈妈"，那么可能又会让孩子感到过于冷冰冰。

那么，"超级妈妈"会怎么样呢？

"超级妈妈"向孩子展示的不是单一的妈妈形象类别，而是注重强势与温柔的结合。而且是孩子看到后会想"自己也想要成为"的向往的人物形象。

这样的话，孩子对妈妈的印象和看法会发生改变，所以目前妈妈们面临的育儿问题也会变得容易解决许多。

而且，妈妈一想到自己的目标是"超级妈妈"，情绪就会高

▼ 在自我意识中做一位"超级妈妈"

做强势的妈妈！

沉重的打压

嗯

喂！

畏于威严变得畏畏缩缩

做温柔的妈妈！

把妈妈这份吃了，也可以的。

没关系

过于柔弱不可依靠

做"超级妈妈"！

果断的

有困惑的事情和妈妈讲！！

平衡强势和温柔。世人的评价不重要，重要的是被孩子认为是"超级妈妈"。

做值得敬仰的妈妈！

我讲英语！
好厉害！

难以建立信赖关系

做坚毅的妈妈！

安静！
好的，好的

冷冰冰难以亲近

涨，充满自豪。

当然了，如果是完全不想跟孩子产生任何联系的妈妈，即便在孩子眼里看起来是一位"超级妈妈"，也没有任何意义。我想对于特意来读这本书的妈妈们来说，这一点肯定是清楚的。以后从孩子的妈妈的角度出发，试着做一位"超级妈妈"吧。

◎ "超级妈妈"的3个原则

那么，为了成为耕耘孩子内心的"超级妈妈"，应该怎么做呢？

要注意以下3个原则。只要在孩子面前注意这3个原则，谁都可以成为孩子的"超级妈妈"，用最少的努力，快乐地耕耘孩子的内心。

"超级妈妈"的3个原则

① 不要倒置母子的角色"立场"
② 爱不是要"深切"，而是要有"安定感"
③ 降低对孩子的"期待值"

下面，从①开始依次讲解。

① **不要倒置母子的角色"立场"**

在成为孩子的"超级妈妈"的过程中，要注意不要倒置母子立场。当然在日常生活中偶尔被孩子玩弄，或者在互相开玩笑时母子立场暂时倒置是很常见的，完全没有问题。而且，在这些过程中妈妈感到快乐，也更容易耕耘孩子的内心。

但是，这种母子立场倒置只能是一时的，当孩子言行不当时，或者孩子太过得意忘形时，让孩子看到妈妈的强势才能耕耘孩子的内心。

· **妈妈强势更能耕耘孩子的内心**

事实上，让孩子感觉到"比自己低一等"的妈妈是不能耕耘孩子的内心的。

为什么这样说呢？因为让孩子感觉到"比自己低一等"的妈妈的温柔行为在孩子看来不是"爱"，而仅仅是"百依百顺"的结果。

这样一来，孩子会想"要让妈妈更加听我的话"，妈妈无论再怎么努力地倾注"爱"，也只是在强化"百依百顺的妈妈"这一形

▼ 不要倒置母子的角色"立场"

象,根本不能耕耘孩子的内心。

而只有让孩子感觉到"妈妈是比自己强势的存在",妈妈的温柔行为才会被认为是"爱"。因为是"强势的存在",原本应该不会做这么温柔的行为,但对处于弱势的孩子却一直表示着不变的爱意,这样的妈妈形象能让孩子感觉是"超级妈妈",孩子会感到安心,内心得到耕耘。

所以,妈妈不能一直温柔,有时也有必要表现出适度的严厉及强势。

②爱不是要"深切",而是要有"安定感"

对于自己本身没有被妈妈好好养育的人来说,当她们生儿育女成为妈妈之后就会陷入一个怪圈。

那就是她们会强烈地 "不想让孩子像自己一样可怜",于是便尽全力给予孩子无比"深切"的爱,但是这种辛苦又会给自己带来压力,并最终向孩子爆发。

虽然能够理解"妈妈努力爱孩子的心情",但实际上对于孩子的成长来说,这种"不安定的爱"并不适合,因为孩子不知道这么深切的爱何时就会结束,对此有深深的不安全感。

- "稳定的爱意"让孩子安心

相反，实际上最理想的爱不是"深切的爱"，而是"稳定的爱"。

为什么呢？因为与时深时浅、不稳定的爱相比，适度但"稳定的爱意"在孩子眼中才是"无条件的爱"。当然了，这样稳定的妈妈也符合"超级妈妈"的形象。

- 保持稳定的爱意非常重要

孩子为了使自己的内心得到耕耘，最想从妈妈这里寻求的是"安全感"。只有在妈妈这里能一直感受到"自己在这里很好"，孩子才会感到安心，他们的内心才能开始被耕耘。

但是，如果妈妈总是被"当时的情绪"支配，有时给予孩子深切的爱，有时又因为孩子不理解的理由而对孩子发火，孩子就不得不去费心揣摩妈妈的心情，对不知道做了什么就会让妈妈不开心感到不安，处于慢性紧张状态，这样孩子心灵的田野慢慢就会变得干涸。

正因为如此，育儿最重要的是妈妈不要勉强自己。

▼ 爱不是要"深切",而是要有"安定感"

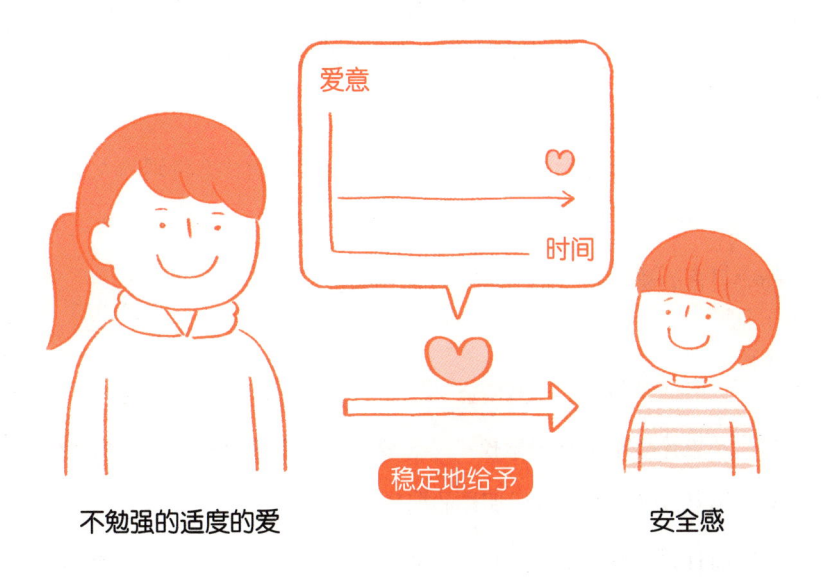

不勉强的适度的爱 → 稳定地给予 → 安全感

爱意 / 时间

与"必须给孩子深切的爱"相比,不如让孩子看到妈妈"我的爱意始终不变"的态度。给予孩子的爱可以没有那么深切,但需要在妈妈能够维持的一个"稳定的爱意"水平。

为了维持稳定的爱意水平,妈妈不要勉强自己,要轻松愉快地与孩子相处,在孩子看来这就是"超级妈妈",孩子的内心也会得到耕耘。

妈妈们尝试之后就会理解,即使对孩子不做什么特别的大事,单单"超级妈妈"带来的安全感就能让孩子的内心得到预料之外的、显著的耕耘。

③降低对孩子的"期待值"

"想让孩子进这个学校""想要孩子从事这个职业",我想很多妈妈对孩子都有着这样那样的期待。

而且,这样的妈妈往往下意识认为"孩子能去一个好大学,就应该能自动具备'容易生存的人格'"。

但实际上,"学习能力的提高"和"人格形成"完全是两码事。

请苦恼于育儿的妈妈们冷静下来思考一下。

你想看到孩子的"什么"呢？

是想要看到孩子的"学习能力"呢？还是想要看到孩子"生机勃勃的人生"呢？

如前所述，每一个孩子生来都具有自己的"特性"。所以，孩子们能够发展提升的是与自身"特性"相适应的能力，如果要发展与自身特性不相适应的能力，再怎么努力依旧感到困难。

而且，妈妈不是孩子本人，并不能正确把握孩子的特性。

所以，如果妈妈错误地对不适合孩子特性的事情产生了"期待"，并且强制"种植"给孩子的话，孩子心灵的田野就会因这一错误的期待而变得干涸，且即便有其他能力也无法培育了。

结果，妈妈也不明白为什么对孩子有这种期待了。

所以，与其这样，不如尽可能降低妈妈个人的"期待"，做个"超级妈妈"，支持孩子想做的事情，不论是什么事情，试着向耕耘孩子内心的方向迈进吧。

这样的话，妈妈也会得到孩子的仰慕，给孩子带来的影响力也会日益增大。

· 关心孩子的兴趣

降低对孩子的期待值,孩子的内心可以得到耕耘,其原因非常简单。

因为,降低对孩子的期待值之后,妈妈就会想,孩子的特性是什么呢?是这个还是那个呢?就会关心孩子的兴趣。

因为妈妈打消了对孩子"你必须成为这样的人"的任性期待,所以就要从孩子心中探寻这个孩子往后应走的道路。因为期待已经没有了,所以妈妈只能这样做。

这样的话,孩子也会开始发生有趣的现象。

妈妈"对孩子内心感兴趣的态度""关心孩子兴趣的态度"都会耕耘孩子的内心。

"妈妈对本来的我、真实的我非常感兴趣!"孩子会感到非常开心。

这样因为妈妈的耕耘,孩子内心的田野会变得柔软丰富,在适合其自身特性的最大范围内,许多植物都得以生长。

就像欲速则不达一样。

▼ 降低对孩子的"期待值"

有的妈妈会感到自己向孩子"种植"的能力无法在孩子身上生根，现在请这些妈妈反思一下，是不是自己不符合孩子特性（或年龄）的期待让孩子的内心干涸，因此孩子什么能力都培育不出来呢？

所以，从今天开始尽量不要对孩子抱有"具体的期待"，只深深地希望孩子"做什么都可以"，只想孩子"能够充满生机活力地生活"，然后默默地支持孩子在内心被耕耘过程中所展现出来的特性，孩子就能逐渐成长为具备最适合其特性的能力的大人。

理解了上述"超级妈妈"的3个原则之后，下面将具体介绍"超级妈妈"的具体做法。不要对孩子的成长感到紧张纠结，开始与孩子轻松愉快地相处吧。

"超级妈妈"实践篇
【方法1】重视氛围

◎ 理想的育儿理论只是纸上谈兵

从现在开始,我们将逐一介绍"耕耘孩子内心"的具体方法。

与妈妈把自己的知识、自己希望的行为强加给孩子,促使孩子按照想法来行动的"种植式育儿"不同,"耕耘孩子内心"指的是妈妈对于孩子的任何表现都给予肯定的反馈。

所以,为了做到"耕耘式育儿",可以在日常生活中创造与孩子对话的机会,可以在公园里与孩子一起玩游戏,可以给孩子读书,等等,这是最基本的做法。

通过与孩子亲密的接触,孩子的内心便得到了耕耘。

如果妈妈有做这些事情的时间和精力,请无论如何一定要多和孩子做这些活动，即便是养育了多个孩子也有很好的效果。

◎ 妈妈被"必须这样做"压迫，孩子心灵的田野会干涸

这个做法有很大的漏洞。

对于没有空闲的妈妈来说，这些活动会给妈妈带来压力，甚至可能会想要虐待孩子。

现在很多的育儿方法都忽略了这一点。

例如，给孩子读书这一活动确实能够耕耘孩子的内心。但是，孩子却在妈妈读书的时候说一些无动于衷、毫不可爱的话。

妈妈特意选的书，但是孩子却不喜欢；或者明明妈妈读书的时候孩子一点都不听，可是妈妈一停下，孩子又让妈妈接着读，妈妈再次开始读书之后，孩子又在周围跑来跑去，于是妈妈说着"你如果不安静下来听我读书……"手里的书也就随之合上了。

确实，如果妈妈能一直忍受孩子这种回应，给孩子读书这一活动确实能够耕耘孩子的内心。

但是，如果妈妈对此感到压力，就会对孩子大喊大叫："我特

▼ 拼命的妈妈易陷入的不幸循环

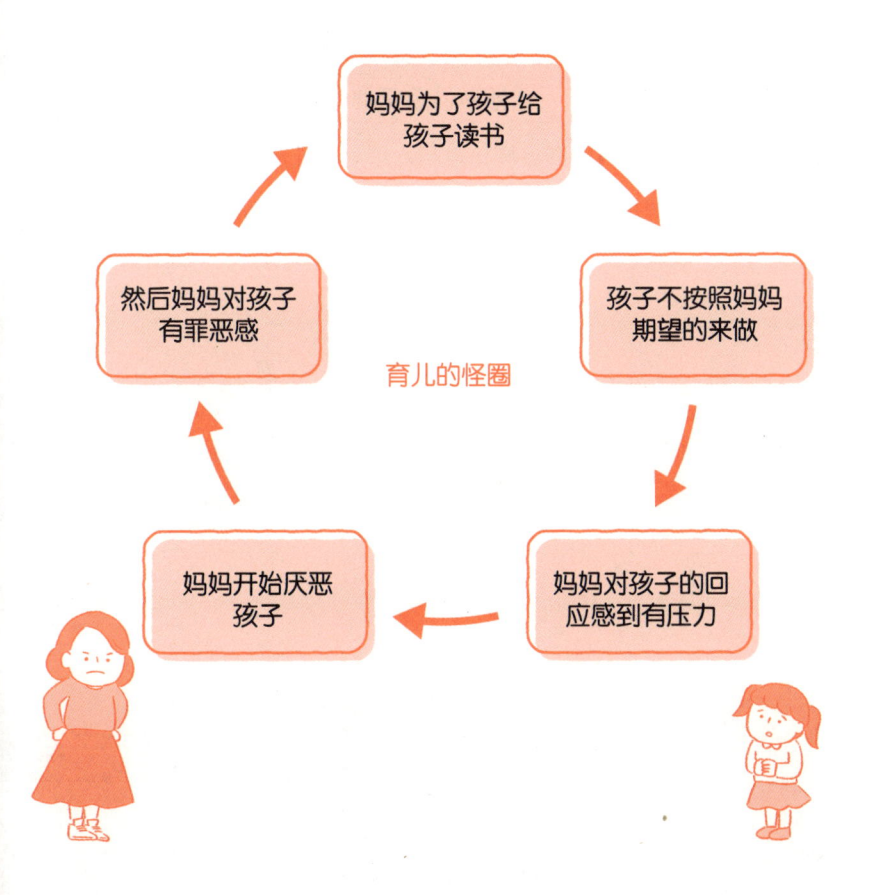

```
        妈妈为了孩子给
        孩子读书
       ↗              ↘
然后妈妈对孩子          孩子不按照妈妈
有罪恶感                期望的来做
  ↑      育儿的怪圈        ↓
妈妈开始厌恶      ←    妈妈对孩子的回
孩子                    应感到有压力
```

第4章 成为"超级妈妈"【方法1】重视氛围   083

意给你读书！""都读了两遍了！"或者因为压力而产生对孩子的厌恶感，一直持续到第二天，如果这种不愉快的心情持续的话，妈妈会逐渐因为给孩子读书这件事情对孩子产生厌恶，结果母子的内心都会变得干涸。

所以我们并不提倡一味地面向孩子的做法，如果只关注这一点，大多数忙碌的妈妈都会疯狂地陷入这个育儿的怪圈，于是变得比之前更加忙碌的妈妈会感到生气，妈妈和孩子都会陷入不幸的循环。

零压力耕耘孩子内心的方法

现在介绍"耕耘式育儿"中不需要特别的亲子时间的耕耘孩子内心的方法，面向的是苦恼于与孩子相处或没有时间与孩子相处的妈妈。

没有多余时间和精力的妈妈们一定要试着实践一下。

◎ 没有专门的时间也可以

首先，我们先解释一下这个方法。

一般情况下，提到"耕耘孩子的内心"，大家都认为要有大量时间来陪伴孩子。比如，"1天要抽出1个小时的时间陪孩子玩耍""要抽出时间哄孩子入睡"。

但是如前所述，现代家庭是很难有这样的时间和心情的。

所以，苦恼于育儿的妈妈们开始不用特别抽出时间与孩子相处，也不必一定要与孩子开展会让自己感到压力的深入谈话，首先让自己和孩子在家的时间变成大家都"感到愉快的时间"。

说得再直接一点，一天中不用专门抽出时间陪孩子玩耍，要建立做家务期间"心不也是和孩子一直连在一起吗？"的观念。

这样妈妈不用专门费心思，也完全不会感到劳累，但却可以达到比抽出时间专门与孩子相处更好的耕耘孩子内心的效果。

◎创建"耕耘式育儿"的模式

"耕耘式育儿"的具体做法后续将详细说明，但简单来说就是妈妈提前准备好耕耘孩子内心的简单方法、有趣的语言、交往的模式，让孩子在家的日常生活中能逐渐地良好适应这样的语言和行动。

这样的话，在一天结束的时候，妈妈和孩子都会感到不可思议，感到这一天是"妈妈和孩子互相深深联系的一天"，孩子的内心也自然而然地得到了耕耘。

这被称为"耕耘式育儿"的"3秒沟通"。

先不要对孩子抱有任何教育意图和期待,把目标定为"创造一个愉快的家庭氛围",试着开始吧。

孩子逐渐得到耕耘的"3秒沟通"

现在从整体上开始讲解"3秒沟通"是什么。

做法

- 把3秒结束与孩子对话的模式贯彻到日常生活中。
- 持续3秒以上的对话会让妈妈感受到压力,所以原则上3秒钟结束。

目的

- 向孩子释放"我一直担心挂念着你"的信号。
- 时常传达妈妈是对孩子敞开内心的。
- 向大家展示情绪良好的妈妈形象。

基本原则

①在做家务期间进行,不要中断。

②基本不需要费脑力,即便不讲有内涵的话也可以。

③回应在孩子看来必须是"肯定的""好意的"。

不要进行"否定的""教育的"发言,也不要讲会给孩子带来压力的话。只需重视"氛围"和"愉悦"。与"妈妈"的形象相比,树立一个"幼儿园老师"的形象更为重要。

④如果有兄弟姐妹,要分别沟通。

把多个孩子叫在一起沟通的话,效果会减半。

具体做法

①眼神交流(孩子和妈妈目光相遇时)

· 微笑。

· 挥手。

· 表情。

②肢体接触(孩子从妈妈身旁走过时或者妈妈从孩子附近走过时)

- 把手放在孩子的头上。
- 把手放在孩子的肩膀上。
- 偶尔开玩笑似的捏住孩子的鼻子。

③和孩子讲话
- 开心地和孩子讲话,简单说几句话后立刻继续家务。

因为本来就是一边忙着做家务(一边走来走去)一边做的事情,所以即便是简单几句话就结束,孩子也不会感到失望。如果是6岁以上的孩子的话,妈妈可以提升自己的幽默感,这样孩子会更觉得有趣,耕耘内心的效果也会更好。

以上这些做法都要根据孩子的年龄进行变化。

对象年龄

从4岁左右慢慢开始,到5岁左右时与妈妈的互动越来越好,可以慢慢地开玩笑似的对话。本方法对12岁之前的孩子都有效。

好处

- 不像倾听和给孩子读书一样，每次都需要消耗妈妈大量的精力。
- 妈妈自己也会变得元气满满（因为在简单的活动中就可以让孩子变得活泼欢乐，自己毫不费力地完成一件好事，心情很好）。
- 留下在日常生活中对孩子打开心扉的印象。

以上就是"3秒沟通"的整体框架。

下面开始介绍具体的做法。

"3秒沟通"初级篇

初级篇主要介绍以眼神交流和肢体接触为主的"3秒沟通",与和孩子讲话相比,这两种方法要相对简单。

看到这里,我想即使是尚未进入状态的妈妈也能轻松完成。所以从现在开始试着实践一下吧。

每做一种活动,就能给孩子心灵的田野带去一种养分,带着这一观念开始尝试吧。

◎ **实践①　眼神交流**

· 与孩子目光相遇时,嘴角上扬、微笑。

· 问孩子问题时,孩子回答之后,妈妈要竖起大拇指,说:"太棒了!"(简单地传递给孩子"妈妈心情不错"的信号,所以推荐!虽然这一手势简单,但心情不好的人是绝对不会做的。)

▼ 实践① 眼神交流

与孩子目光相遇时要微笑

问孩子问题时,孩子回答之后,妈妈要做"太棒了!"的手势

◎实践② 肢体接触

- 养成当孩子出色地完成一件事情时与孩子击掌的习惯。（推荐把击掌作为自然的肢体接触的方法。）
- 静静地给孩子一个快速的拥抱。（小孩子的怒气多数情况都能被"不经意的"安静拥抱瞬间平息。）
- 在家里从孩子身边经过时，什么都不说、自然地把手放在孩子的肩膀或者头上。也可以捏捏孩子脖子后方或者鼻子。
- 轻轻地抚摸孩子的头。
- 轻轻地拍头，不要让孩子感到疼痛。
- 站在孩子后面时，悄悄地用两只手把孩子的头发立起来。

以上不管哪个动作都要沉着、优雅、自然地完成，这是要点。做完之后也不要停在原地，就像什么事情都没发生一样从孩子身边走过。

这些方法的要点是要"若无其事地完成""面不改色地快速完成"。妈妈要若无其事地完成，并养成习惯。

如果拼命地、全心全意地去完成的话，慢慢地就会让妈妈感到厌烦，所以要注意自己的心态。

▼ 实践② 肢体接触

习惯性击掌

静静地拥抱

经过孩子身边时摸摸孩子

轻轻地抚摸头

轻轻地拍头

把头发竖起来

第4章 成为"超级妈妈"【方法1】重视氛围　095

下面开始介绍基本依靠语言的"内心的耕耘方法",此前介绍的增加自然而然的眼神交流和肢体接触的方法特别容易使用,而且会有超乎妈妈预期的内心耕耘的效果。

所以,对于"不擅长语言""没有精力"的妈妈们来说,首先试着在日常生活中增加此前介绍的无须语言、瞬间可完成的自然而然的动作。这样的话,孩子的内心会得到耕耘,感受到爱意,与妈妈的内心逐渐连在一起,这样与孩子的对话沟通也会慢慢变得容易起来。

◎实践③ 和孩子讲话

- 孩子在桌子上画画,妈妈可以说"咦?在画什么呀?""啊,是托儿所的小伙伴吗?""画得真棒!"等,然后立刻继续做家务。
- 往洗衣机方向走时,看到一个人忙活的孩子,暂停下脚步倚靠在柱子上,一边微笑,一边问孩子:"顺利吗?"孩子回答顺利的话,妈妈可以说"太棒了!"然后继续做自己的事。

▼ 实践③ 和孩子讲话

对孩子正在做的事情做个简短的评论

问正在集中精力做某件事情的孩子"顺利吗？"

这些语言自然而然，不需要费脑力，要试着在日常生活中尽量多地恰当使用这种语言。

将其在一定程度上模式化，养成习惯，一遇到这个场景，脑海中就会自动浮现出很多说法。

- 把普通的、简单的语言尽量地转变成"开玩笑且表示吃惊"的形式（比如"太厉害了！""真的吗？？""不妙！"等）。

任何表示吃惊的词语（感叹词）都可以。先把与孩子对话的语言尽可能地转化为自己说着顺口的准确的感叹词，并尽量地在生活中多多使用。

仅仅此项改变，亲子关系就会得到改善，妈妈和孩子都会感到彼此内心深深地连在一起。

这样会自然提高孩子耕耘内心的效果，使氛围变得愉快。

当然了，情绪高涨地和孩子讲话，孩子会很开心，耕耘内心的效果也会提高，但是从来没有用过这个模式的妈妈们突然开始这样情绪高涨地与孩子讲话，孩子反而可能会生气。

▼ 易上手的"感叹词"

> 太厉害了！　真的吗？？　不妙！　　啊？？
> 哇！　　　哦！　　　　啊！　　呀！
> 嚯！　　　咦！　　　　太棒了！嘿！

也可以使用其他词语，只要自己顺口就行！在孩子日常生活中慢慢地多准确使用感叹词，可以创造明快欢乐的氛围。

所以，对于尚未适应这种讲话模式的妈妈和孩子们来说，妈妈的情绪一开始不要太高涨，依然维持此前的表情和腔调即可，先试着把词语（表达方式）尽可能转变成"吃惊（感叹词）"的形式。

然后，孩子和妈妈慢慢适应这种表达方式后，妈妈再慢慢地提升自己的情绪，就能顺利过渡了。

◎初级篇在日常生活中增加的4项行动

以上举了几个代表性例子，初级篇要在日常生活中增加以下4项行动。

- 笑脸
- 肢体接触
- 眼神交流
- 情绪高涨的回应

妈妈要增加以上4项行动的次数，4项行动中的任意一项均可，哪怕次数只增加了一点，在初级篇就是合格了。

不用把这件事情想得太难，也不用停止做家务。试着在对孩子的言行中自然而然地增加这4种行动。

你可能会想"原来是这样啊",但在孩子看来,仅此一条改变,对妈妈的印象就会完全改变,耕耘内心的效果也会提高。这样孩子的内心会得到耕耘,内心也会慢慢变得安定,变得稳重,同时充满了生机和活力,也会开始向妈妈敞开心扉。

我想这与确保深入对话和一起玩耍的时间相比要轻松多了,所以试着边做家务边行动吧。

"3秒沟通"中级篇

初级篇介绍了日常生活中可以简单做到的眼神交流和肢体接触,以及让与孩子的日常语言变得充满热情的基本方法。

中级篇将更富有战略性,介绍把"3秒对话"组合融入"日常对话空白"中的方法。

◎ "日常对话空白"是什么?

"日常对话空白"指的是妈妈和孩子都在家里时,妈妈平时感到"啊,此时此刻和孩子说说话是不是更好"或"气氛有点沉默了"的情况,或者妈妈感觉和在其他房间的孩子"说说话是不是更好"的情况。在这些情况下,为了表示"妈妈是很关心你的",可加入3秒结束的简短对话组合。

◎ 多使用"1.5回合对话"

先从基本的"1.5回合对话"开始3秒对话组合吧。

对话模式有无数种，无论怎样说都没有问题，现以多数女性容易使用的"哇，那太好了！"和"太厉害了！"两类说法为例进行说明。

妈妈不一定非要用这些词语，看完后面的具体做法之后，可以试着改为自己说着顺口的词语。

◎ "哇，那太好了！"组成的"1.5回合对话"

<使用实例>

例如，和正在其他房间独自玩耍的孩子这样搭话。

"尤太！"
"怎么啦？"
"今天在学校开心吗？"
"嗯，开心！"

第4章 成为"超级妈妈"【方法1】重视氛围　103

"哇，那太好了！"

像这样，首先喊孩子的名字，这是

① "妈妈→孩子"的问话

② "孩子→妈妈"的回答

③ "妈妈→孩子"的了解

把这样从妈妈开始的"1.5回合对话"固定成一个组合模式，并将其穿插进与孩子相处的日常中。

这样一日相处下来，孩子会在自己的心里认为妈妈向自己敞开了心扉。

也许妈妈会想"真的会有这种效果吗"，但这是因为你是妈妈才会这么想，其实从孩子的角度来看，孩子不需要自己去确认也能得到妈妈积极的关心，内心会特别安定。

也就是说，繁忙的妈妈在育儿的过程中要多使用"在妈妈看来不是什么大事，但却对孩子有很好的效果"的高性价比行为。

否则妈妈是不能在长年累月中持续给予孩子"稳定的爱意"的。

◎ "1.5回合对话"的要点

要点①　完全随意

"1.5回合对话"不需要饱含深情,"完全随意"即可。

也就是说,这种对话的目的不是向孩子认真地传达妈妈"对孩子在学校很开心感到不错"的心情。

仅仅把这种对话作为与孩子互相开玩笑的一环,不需要动脑筋,潜意识中提高自己的情绪,合适地表达出来即可。例如"哇,那太好了"。

然后,在思考是否结束对话的时候就像什么事情都没有发生一样,迅速地继续做家务。

这样的话,孩子会对此感到满足,妈妈果断地结束对话,回到自己的工作,也会在孩子心中留下"超级妈妈"的印象。

要点②　不要让对话继续

要点①已讲到这种对话是"完全随意"的,说完"哇,那太好了"之后,要果断结束对话,继续做家务,不要再让对话继续。

下面介绍的"太厉害了"也是一样的,"1.5回合对话"的最后结束语选择让孩子无法继续对话的语句,自然会果断地、精神饱满地结束对话,这会让孩子的内心瞬间充满活力,所以不要再让对话继续。

如果妈妈觉得继续对话也行的话是没有问题的,让孩子听妈妈讲话也是一件不错的事情,但是"3秒沟通"本来就是给"太忙碌不能照顾孩子的妈妈"或"与孩子进行长对话会感到焦虑的妈妈"准备的方法,若这一方法最终反而给妈妈带来负担的话,最后就得不偿失。

如果延长与孩子的对话时间,妈妈慢慢就会对和孩子搭话感到厌烦,可能从下次开始就不会再去和孩子搭话了。

所以,在开始"3秒沟通"时就要做好"绝对不要延长对话"的心理准备,随意愉快地和孩子讲话,并且果断结束对话,迅速回到家务上。

这样的话,妈妈下次还想要愉快地和孩子搭话,所以从长期来看也是为孩子考虑。

要点③ 开始要喊孩子的名字

"别人喊了我的名字"这件事情对于孩子来说是有价值的。

妈妈可能会想"真的有效果吗",但对于孩子来说,自己被叫了名字,感受到的是专门给自己的爱意,会特别开心和安心。

这件事情对妈妈可能没有什么意义,但是对于孩子的内心是有意义的。

喊孩子名字这件事情对于妈妈来说毫不费力,但对孩子内心的耕耘效果却非常好,是性价比很好的搭话方式,所以妈妈要尽可能地在对话开始时喊孩子的名字。

而且,我们在前面已经讲到,当妈妈不止一个孩子时,如果同时向兄弟姐妹全员讲话的话,孩子接收到的爱意会大大降低。

妈妈对这一点可能不能理解,但对于孩子来说,如果接收到的爱意是特定的话,那么分量将大大增加。

这个做法的性价比特别高,所以当妈妈不止一个孩子时,尽量在对话开始时先叫某一个孩子的名字,让这个孩子成为特定的一个,然后再按后面的对话方法开始与孩子对话。

◎ "哇，那太好了！"的活用

在日常生活中任何场合使用"哇，那太好了！"都会让孩子的内心感到安定，通用性很好，妈妈们请试着自己思考多种活用场合。

- 妈妈："洗澡开心吗？"→孩子："开心！"→妈妈："哇，那太好了！"
- 妈妈："便当好吃吗？"→孩子："好吃！"→妈妈："哇，那太好了！"
- 妈妈："上学迟到了吗？"→孩子："没有迟到！"→妈妈："哇，那太好了！"
- 妈妈："没有下雨吧？"→孩子："没有下雨。"→妈妈："哇，那太好了！"
- 妈妈："橡皮完好地还给小伙伴了吗？"→孩子："还回去了。"→妈妈："哇，那太好了！"
- 妈妈（问正在集中精力做某件事情的孩子）："顺利吗？"→孩子："嗯，顺利。"→妈妈："哇，那太好了！"

就像这样特意询问孩子本来无须特别询问的、无论怎样都可以的事情。

"特意询问本来无谓的事情"本身就可以治愈孩子的内心。

因为这本就是一件随意的事情，所以完全不需要像"这件事情哪一点好呢？"或"真的好吗？"这样的认真思考。妈妈不需要动脑筋，只要对话的最后说一句"哇，那太好了！"让家里的氛围哪怕多一分的明朗和愉快，就达到目的了。

每天与孩子愉快的相处氛围自然会让妈妈和孩子的心连在一起，那么妈妈每天也就会变得很快乐。

◎孩子做出了否定回答要怎么办？

当然了，对话中孩子也可能给出否定的回答，所以现在来向妈妈介绍几个这种情况下妈妈的回答示例。但回答并无标准答案，请妈妈适当调整使用。

·妈妈："洗澡开心吗？"→孩子："不开心。"→妈妈："骗我的吧！"

- 妈妈："便当好吃吗？"→孩子："不好吃。"→妈妈："啊？我还以为你喜欢吃呢！"
- 妈妈："上学迟到了吗？"→孩子："迟到了。"→妈妈："啊，那不是太糟糕了！"
- 妈妈："没有下雨吧？"→孩子："下雨了。"→妈妈："不好！"
- 妈妈："橡皮完好地还给小伙伴了吗？"→孩子："忘记了。"→妈妈："啊？明天还回去！"
- 妈妈（问正在集中精力做某件事情的孩子）："顺利吗？"→孩子："不顺利。"→妈妈："啊！那不是太糟了吗！"

像这样，妈妈不需要动脑筋，用合适的基本感叹词回复，然后像什么事情都没发生一样继续做家务。

如果妈妈开始就抱着认真的态度来询问孩子，孩子一旦给出否定回答，妈妈可能就会伤心，或者生气。但如果妈妈抱着"我现在适当地加入'3秒沟通'的目的只是让孩子的日常生活能够明朗快活"的心态，那么无论孩子给出怎样的回答，妈妈都不会感到伤心或者生气了。

而且，本来"3秒沟通"就是从妈妈开始的，所以通常孩子也不想在后面继续长长的对话。

孩子只有自己愿意说时，才会想要和妈妈进行较长的对话。所以，由妈妈发起"3秒沟通"时，妈妈讲完结束语后就应该赶快继续做家务。

◎ "太厉害了！"组成的"1.5回合对话"

和"哇，那太好了"一样，现在介绍"太厉害了"的多种使用方式。

"太厉害了"是一个特别好用的短句。"1.5回合对话"中，无论最后是什么，均可以用"太厉害了"结尾。

<使用实例>

①房间收拾得很干净时……

"收拾房间啦？"

"嗯，收拾了！"

"太厉害了！"

②孩子从浴室出来……

"洗澡去啦?"

"嗯,洗澡了!"

"太厉害了!"

③院子里的自行车整齐地摆放在一起……

"这是谁摆的呀?"

"我摆的!"

"太厉害了!"

④桌子上的作业字写得很漂亮……

"这是谁写的呀?"

"我写的!"

"太厉害了!"

在例④等例子中,妈妈即便不一一问作业什么的,也肯定知道这是孩子写的。但是,妈妈通过故意询问,可以表现出自己的吃惊。而且,对方无论如何是孩子,所以妈妈不需要什么深入的思考,随意地说一句"太厉害了",让这个对话迅速结束,然后立刻继续做家务即可。

这样妈妈就会变得有趣，家庭的氛围也会变得明朗和充满生机。

◎要点是"开玩笑且表示吃惊"

"太厉害了"和初级篇介绍的"开玩笑且表示吃惊"的目的是一样的。妈妈讲这句话的目的并不是赞扬。

与真的吃惊相比，故意开玩笑式的"表达吃惊（感叹词）"可以活跃气氛，在日常生活中给孩子的内心带去一份激动和喜悦。

所以，不用"太厉害了"这个词语也完全没有问题。"太棒了！"也好、"太牛了！"也好、"棒棒的！"也好，任何词语都可以。

顺便说一下，妈妈也可以根据情况换成下面的说法。

"哎呀！""骗我吧！""不妙！""太可怕了！""真的吗？！"

这之外的任何词语都可以，妈妈试着说自己说着顺口的，或者突然在大脑中闪现的表示"吃惊"的词语。

无论何事，妈妈都慢慢地习惯将和孩子的对话尽可能地转变为

第4章 成为"超级妈妈"【方法1】重视氛围

"开玩笑且表示吃惊"的说法,日后会自然地、无须动脑筋地、轻松地给出一个不让孩子厌烦的答复。因为这已成为习惯。

在这一方面,我想有很多家庭的对话是下面这样的。
- 妈妈:"洗澡了吗?"→孩子:"洗了。"→妈妈:"……"(沉默)
- 妈妈:"收拾了吗?"→孩子:"收拾了。"→妈妈:"啊,是吗……"

这会怎么样呢?

这样的家庭会有趣吗?

明明只要多加这样简短的一句话,就可以让家庭氛围变得充满生机和趣味,但很多妈妈却没有做到,这样的做法带来了巨大的损失。这不仅不会让孩子的内心得到耕耘,而且妈妈也失去了育儿的乐趣。

繁忙的妈妈没有必要每天特意抽出一个小时的时间来陪孩子说话,甚至连家务都没必要耽误。

妈妈只需要稍微下一点点功夫,给孩子的印象就会发生巨大的变化。

"1.5回合对话"能够在很多场合使用。不一定非要用"哇，那太好了"或"太棒了"，妈妈可以用自己顺口的词语组成对话组合，并试着在各种各样的场合使用。

这样就能轻松改善亲子关系，妈妈也不会觉得累。

◎ 注意不要过度使用相同模式

无论是"哇，那太好了"还是"太棒了"，如果这种定型化的语言使用过多的话，孩子就会感到厌烦，想着"妈妈又说这句话了"。

所以，在形成习惯之前先试着从一天一次开始。

日常生活中妈妈感到"有点没有照顾好孩子"或者"有点沉默"时，可以每天无意中加入一次这样的对话，对话可使用多种模式。然后，可以试着在对话中加入初级篇中介绍的自然而然的肢体接触和眼神交流。这样在孩子看来就不是一个单一的模式，而是一个自然的交流。

通过这样每日的积累，妈妈会逐渐找到感觉，会慢慢找到自己使用"1.5回合对话"的节奏和属于自己的有趣的措辞表达。妈妈会慢慢发现亲子关系比什么都有趣。

其他的"3秒沟通"方法

我们之前介绍了"1.5回合对话",这是基本的"3秒沟通"方法。现在本书介绍其他的各种各样的"3秒沟通"方法,请妈妈试着选用适合自己的方法。

①在厨房叫正在其他房间的孩子……

"尤太!今天拎着箱子去做了什么呀?"
"堆了城堡!"
"太厉害了!"

这是个"1.5回合对话"的其他例子。妈妈试着根据自己当时的想法做出各种各样的调整变化。

②注意到玄关处的鞋子摆得很整齐……

"咦？这是谁摆的呀？"

"我摆的哟。"

"帮了我大忙了！"

比起"帮我摆了鞋子呀？谢谢"，这种明知是孩子做的却还要特意询问，让孩子自己说出"是自己摆的"，并对此感到吃惊的做法更容易让孩子的内心得到耕耘。

当然了，这时妈妈不能期待孩子明天还会把鞋子摆好。因为这样的话，当孩子没有把鞋子摆好时，妈妈就会对孩子失望，而且当孩子把鞋子摆好时，妈妈也不会表示吃惊了。

③平时总是提醒放学回来的孩子尽早收拾书包，但某一天孩子却主动地收拾了书包……

"咦？书包去哪儿了？"

"收拾好啦！"

"哦？真的吗？！"或"嗯？不是还早吗？"

虽然平时妈妈总是督促着孩子收拾书包，但孩子主动收拾好书包时，比起"只要做就能做到"的夸奖，妈妈故意以"不会收拾好了吧"的前提去询问，让孩子说出"收拾好啦"，然后对此表示吃惊,会让孩子的成就感大大提高,比起夸奖有更好的内心耕耘效果。

④孩子要去厕所时……

"尤太!"
"怎么啦?"
"在拉便便吗?"(暗笑)
"嗯,在拉便便!"
"好好拉!"

不管什么时代,男孩子都特别喜欢"拉便便"这个词。

⑤和孩子一起坐在餐桌边,妈妈困了闭上眼睛时……

"Lisa!"
"怎么啦?"
(半眯着眼睛)"妈妈在干什么呀?"
"想睡觉了。"
"答对啦!!"

10分钟内重复2次这个对话,妈妈就可以小憩一下。

在这种情况下，妈妈尽可能地睁开眼睛的样子会让自己的表情变得有趣，所以孩子也会开心。

在这个意义上，比起"想睡觉了"，"表情变得很有趣！（笑）"让孩子开心地笑是作为"超级妈妈"更为理想的做法。

⑥早上孩子说"我走啦"，妈妈说"路上注意安全"之后，当孩子走过玄关，妈妈再特意打开厨房的窗户，叫住玄关前的孩子……

"尤太！"

"怎么啦？"

（微笑着）"要加油！"

"嗯。加油！"

在妈妈看来，这可能是微不足道的小事，毫不费力。但是，在孩子看来，妈妈这种自然而然地"特意"关心自己的行为是能让自己真切感受到来自妈妈的爱意的，自己被妈妈好好守护的安心感会更加强烈。

⑦布娃娃让对话变得快乐

孩子放学回家后，妈妈单手拿着布娃娃，稍微变一下声，用布娃娃的声音说"欢迎回家",仅此就可以让孩子一回到家就恢复活力。

或者是,平时妈妈再怎么问,孩子都不怎么说,但如果拿着布娃娃问:"喂!今天做什么了呀?"孩子就会觉得很有趣,会跟妈妈说好多话。

或者,"喂!赶快去洗澡!"等情况使用布娃娃也会很方便。

◎ 注意问候语的说法

可能有的妈妈不擅长这一方法,但如果可以的话,请试着把对孩子的问候语的说法稍微改变一下。

- "早上好"→"早上好呀"
- "欢迎回家"→"欢迎回家呀"
- "晚安"→"晚安咯"

当然了,不一定非要这样说,只要妈妈自己说着顺口的形式就可以。总之,就像这样把说法稍微改变一点,孩子就会很开心。不只是学龄前儿童,甚至小学生都会很开心。

虽说"欢迎回家呀"这句话本身并没有那么有趣。但是,孩子并不是想听有趣的"措辞",而是想看到永远都那么快乐的"妈妈"。所以,把在生活中机械使用的问候语进行适当改变是一个方便的选择。

所以,妈妈没有必要那么认真地考虑问候语的说法。

孩子希望看到的是妈妈不动脑筋的愉快情绪。

顺便提一下,妈妈使用了这种问候语的变形形式之后不要期待孩子"回复"。如果妈妈说了:"回复呢?"妈妈建立的这个有趣的形象就会崩塌。因为真正有趣的人是不会期待对方的回应的,仅仅是说自己想说的话。

"3秒沟通"高级篇

现在进入高级篇,我想立刻就能掌握的人比较少,但因为耕耘孩子内心的效果比较好,所以给妈妈们介绍一些使用方法。妈妈们也可以根据这种感觉,试着找到自己顺手的方法。

这种讲话方式基本是习惯问题,像初级篇和中级篇一样,妈妈无须动脑筋,不要勉强自己,只要适合自己就可以。

①走到孩子身边时,大声说"嘿!哟!"假装捡掉在地板上的东西,但是却用臀部把孩子挤跑。

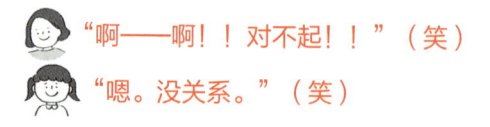

"啊——啊!!对不起!!"(笑)
"嗯。没关系。"(笑)

孩子特别喜欢这种相处感觉。

②回家时发现孩子坐在餐桌边,和平时一样走进屋子,但经过孩子身边时,突然大声说:"噢!哟!哟!哟!"然后倒在正在坐着的孩子的身上。

如果是喜欢这种做法的孩子,看到妈妈这种行为会特别开心,但也有孩子不喜欢这种做法。所以妈妈要根据孩子的喜好进行尝试。

③适应之后,就再试着进一步开玩笑。孩子放学回家后……

"你回来啦?"
"我回来啦!"

15秒之后,向已经在别的屋子里的孩子说……

"Lisa。"
"怎么啦?"
"你回来啦?"
"我回来啦!"

再过15秒钟……

"Lisa。"

"怎么啦?"

"你回来啦?"

"我回来啦!我说过啦!"(笑)

"哎!真的吗?对不起,对不起。"(笑)

虽然孩子特别喜欢这一做法,但是重要的一点是不能过度使用。妈妈完全不用停下正在做家务的手,仅用声音开玩笑就能简单地让孩子的内心得到耕耘,是性价比很高的一种做法。

④下面是一个较长的版本。妈妈逐渐习惯"3秒沟通"之后,如果认为自己可以,去吃饭时试着随意地与孩子进行下面的对话。无须太动脑筋,合适即可。如果妈妈做得很好,这个对话中大部分孩子都会感到开心。

"欢迎光临。这里是××餐厅。这是本店推荐菜××咖喱。这位客人你喜欢吃咖喱吗?"

"喜欢！"

"请享用！胡萝卜产自爱媛县（产地要合理），肉是鸡肉。这位客人你喜欢鸡肉，还是猪肉呢？"

"喜欢鸡肉。"

"太好了！！我想这位客人不是喜欢吃鸡肉吗，于是就放了鸡肉！"

如果孩子回答的是"猪肉"——

"啊，非常抱歉！我本来已经把猪肉切好了，但却把鸡肉放进去了……"

"啊，鸡肉我也非常喜欢，所以没关系啦！"

"味道怎么样呀？"

"好吃！"

"啊，真的吗？谢谢，那么请你慢慢享用。"

至此对话结束。

如果对话持续，请妈妈这样回答："到此结束！""太烦人啦！快吃！"这样对话就不会再持续了。

⑤按照上面④的例子，介绍就寝版本。在孩子平时的卧室里……

"这位客人，这里是希尔顿酒店的客房。这个被子是超高级羽毛被，请试着睡一下。正好使用了整2万根的鸟类羽毛，所以非常暖和。"

"特别暖和。"

"是吗？太好了。这个枕头采用超优质材料制作而成，一个12.9亿日元。感觉怎么样？"

"特别舒适。"

"太好了。那么请你好好休息！"

如果对话持续，妈妈可以这样回答以让对话结束："到此结束！""太烦人啦！快睡觉！""晚安！"妈妈没有必要一直说到自己感到疲惫的时候，可以想什么时候结束就什么时候结束。

对"3秒沟通"感到困难怎么办

初级篇和中级篇的"3秒沟通"方法妈妈们都可以做到,非常简单。

如果妈妈对初级篇和中级篇都感到困难,请试着确认一下是否有下面的情况。

①总是想着必须让孩子成长
②没有明确拒绝孩子的要求
③没有给自己留出休息时间
④孩子的兴致不高

下面将逐条说明。

① 总是想着必须让孩子成长

我想不能轻松愉快地完成"3秒沟通"的妈妈们是因为平时把自己的孩子当成了"自己负有应该让其成长的责任的对象",并抱着这一心态和孩子认真地相处。

所以妈妈的思想里都充斥着孩子的成长问题,心想"不能做这种无用的对话",内心就像被强迫一样。

我想这些妈妈忘记了"孩子是自己长大的生物"这一事实。

所以,这些妈妈请试着先从自己的头脑中去除"孩子是我让其成长的物品"这一观念。然后不要每天想着"孩子的成长",试着仅仅想着让孩子充满生机地、快乐地过好当下这一天。换言之,把"妈妈"的责任感向下调,提高"保育员"角色的占比。

这样的话,妈妈就能从"必须让孩子这样成长"的压力中解放出来,能够快乐地享受每天的"3秒沟通",孩子的内心也会得到耕耘,就可以依靠自己的力量茁壮成长。而且,一旦孩子的内心开始得到耕耘,所有事情都会开始向好的方向发展。因此,请想着对孩子进行各种各样"种植"的妈妈们试着尽可能降低自己的"期待值"。

②没有明确拒绝孩子的要求

我想对"3秒沟通"感到困难的人,应该有的是"因为孩子不能在3秒内完成对话"或"因为此后孩子就一直跟我说话"的困扰吧。

这样的人在孩子要求和自己讲话时,请试着按照下面的方法应对。

<原则>

"到此结束!""已经没有啦",这样没有感情地、冷冰冰地拒绝。

然后就会如这些话的字面意思所言,对话肯定不会再继续下去。

如果妈妈对此有罪恶感,请试着这样想一想,"稍后还会再进行3秒沟通,孩子对我不好的印象就会清零,所以没关系"。

<应用>

用肌肤接触来调整转变心情。
- 一边说着"喂、喂、喂",一边轻轻地叩孩子的头,不要让孩子感到疼痛,以此方法来让孩子离开。

- 一边对孩子的发言说着"啊,是吗",一边在孩子的两胁挠痒痒,以此方法来让孩子离开。
- 抱着转一圈,然后说"到此结束!"(即便孩子央求妈妈"再来一次!",妈妈也要说"没有再一次了!"来拒绝孩子)。

"对不能满足孩子的要求有罪恶感"的妈妈们试着平时多增加"3秒沟通"。

如果像这样在平时给予孩子足够的关爱,妈妈就会充满自信,也就不会对果断拒绝孩子的要求充满罪恶感了。

我认为妈妈现在对果断拒绝孩子的要求充满罪恶感的原因是内心对平时没有足够关心孩子抱有"歉意"。

但是如果妈妈和孩子从日常增加"3秒沟通"的话,这种"歉意"就会消失。孩子平时的满足感也会提高,对妈妈的执拗的、过分的要求也就会慢慢减少。

③没有给自己留出休息时间

比如孩子从托儿所回家前的这段时间,妈妈有一点个人的时间，你会怎么做呢？

"为了能给回家后的孩子多点陪伴，要趁着这段时间把家务提前做好"，你会不会这样想呢？

当然了，如果这样能进展顺利也没有问题。

但多数情况下，孩子回家之后妈妈是不会轻松的。这样的话，妈妈在一天之中找不到一点恢复自我的时间，压力积累，就可能会和孩子乱发脾气。

如果这样的话，妈妈不如确保让孩子不在家的一人时光为自己的时间，在这段时间内好好休息，家务可以等孩子在家时再去完成。

妈妈可能会想"做家务的话，不是不能照顾孩子了吗"，但正因为这样，才要使用"3秒沟通"。

因为"3秒沟通"本身就是一边做家务一边就能完成的母子沟通方法。

当然了，如果能够抽出专门与孩子玩耍的时间也可以，但如果妈妈总是被时间追赶，比较忙碌，那么首先要试着有效活用"个人时间"，"个人时间"不仅是做"个人行为"的时间，同时也是关心照顾孩子的时间。

这样就不会没有专门陪孩子玩耍的时间了，而孩子在家时的个人时间，妈妈一直情绪高涨，也能给孩子留下自己对孩子敞开心扉的印象。

这样的话，妈妈一整天的时光每一分都使用得有意义，也会变得充满活力。

从"确保自己的休息时间"这个点来说，特别忙碌的妈妈也可以试着取消"哄孩子入睡"这项活动。

比如说妈妈决定"想让孩子在晚上9点入睡"，那么一到晚上9点，妈妈就会中断正在做的事情，先哄孩子睡觉，我想这样的妈妈应该很多。

当然了，如果是马上就能入睡的孩子，这样做也没关系。

但是，如果孩子怎么也不肯睡觉，还没有做完自己事情的妈妈就会越来越焦躁，然后就会对孩子生气。

这样的话，孩子就会不再可爱，孩子的内心也得不到耕耘。

所以，这样的妈妈从现在开始可以把孩子的睡觉时间延长到10

点、11点，降低对孩子应该入睡的时间的"期待值"，在孩子睡觉前抓紧完成家务。然后，再和孩子一起去睡觉。

这时，妈妈不需要哄孩子入睡。也不需要认真给孩子讲故事了。

妈妈可以玩玩手机，保证自己的自由时间，如果自己想睡了也可以先去睡觉。这样一来，孩子也会很快入睡。

可能有的妈妈会感觉这样做未免冷淡，但没有关系。

妈妈如果在孩子醒着的时候一直采取"重视氛围"策略，与孩子充分地相处的话，那么孩子平时就接收了妈妈足够的爱意，妈妈睡觉时的做法并不会给孩子带来不安。

而且，孩子睡觉时妈妈经常陪在身边，孩子也能得到一定的安心感。

4 孩子的兴致不高

我想感到"3秒沟通"不能顺利进行的妈妈应该会遇到"即使自己积极主动搭话，孩子的兴致也不高"的情况。

其中最多的一种情况是"孩子本来就是兴致不高的性格"。这类孩子脾气较特别，对非常开心的事情只回答一句"嗯……"，较为冷淡，即使想要什么，也不会直说"我想要"，或者即使开心，也不会给出"好开心啊"的回应，对此感到害羞。

所以，妈妈首先要试着观察孩子的样子。如果妈妈通过观察，认为孩子其实很开心，那就试着从初级篇开始，一点点地进行"3秒沟通"。

这样的话，孩子的内心就会得到耕耘，慢慢地孩子就会逐渐适应，兴致慢慢就会提高。

我想还有另外一种情况。孩子本身并不是兴致不高的性格，而是因为之前的"种植式育儿"等原因，内心变得荒芜，态度也变得粗暴，对于给出积极的回应感到困难。

如果是这种情况，妈妈暂且先不去要求孩子做出积极的回应，首先要根据前面介绍的"超级妈妈"的3个原则，尝试"冷淡地行动"，集中精力让孩子的内心安定下来。

然后等孩子的内心安定下来之后，再逐渐从初级篇开始尝试与孩子创造良好氛围的相处方法，这样孩子的兴致应该就会慢慢提高。

孩子主动和妈妈讲话时怎么办

前面我们讲解的是妈妈主动跟孩子发起对话的"3秒沟通"方法。

下面我们开始讲解孩子主动发起对话时,妈妈怎么做会更好。

◎ **情景1　孩子想让妈妈看自己的作品**

当孩子拿着自己画的画或者做的作品让妈妈"快看快看!!"时,我想多数妈妈都会说"太棒了!""太优秀了!"等话语。

但是,妈妈如此毫无兴味的话语传达给孩子的话,对孩子内心的耕耘效果是较差的。

所以今后当孩子再拿着什么作品让妈妈"快看快看!!"时,妈妈试着像下面这样做。

首先,妈妈在那一瞬间去注视这件作品的某个点,关于这个点进行一个精确提问。

> "咦？这里为什么是黄色的呢？"
> "咦？这里为什么还有一个人呢？"
> "咦？这里面是怎样的呢？"

然后，不管孩子如何回答这个问题，妈妈都要情绪高涨地这样回答（妈妈心想"情绪高涨的回答可以让孩子满足于这一次的提问"）。

> "太厉害了！"
> "啊！！如果是妈妈的话，肯定想不到！"
> "原来如此！动脑筋了！"

这时，妈妈不是泛泛地从整体上夸奖，而是准确地针对某一部分进行提问和夸奖。这样的话，孩子会感到"妈妈对我很感兴趣"。妈妈提什么样的问题、在哪里进行提问都没有关系。妈妈不需要深入思考，提问只要合适即可。

如果妈妈的时间和精力不是很充裕，提一个问题就可以结束。

实际上，妈妈对孩子每天的作品也许并没有那么大兴趣，如果关于没有兴趣的事情进行长对话的话，妈妈就会变得烦躁，这样就失去了这件事情的意义。

如果进行一个提问就结束，那么下次孩子喊着让妈妈"快看快看！！"时，这件事情没有给妈妈留下厌烦的印象，所以还能够以很好的心态应对（仅进行一次提问）。

为了下次还能够轻松愉快地继续应对，妈妈每一次不要用力过猛。

孩子放学回家后跟妈妈讲学校里的事情时，也可以运用这一方法。

例如，孩子跟妈妈说"今天发生了这样一件事！"时。

"嗯！！什么事情呢？"
"嗯！！除了你之外还有谁呢？"

↓

不管孩子回答什么……

> "太神奇了！"
>
> "原来是这样！真的是这样啊！（重复孩子的话）"

至此对话结束。

这种情况也是，妈妈加入一个具体的问题，孩子的满足感就会提高。

然后妈妈立刻岔开话题，把话题转移到"那收拾书包吧"等问题上，自然地结束对话。

◎情景2　孩子想让妈妈认真听自己讲话

我们之前基本上都是写的孩子和妈妈讲话时，妈妈要表现得"开玩笑且表示吃惊"，并让对话马上结束的方法。但是，孩子有时也会特别感性，希望妈妈能认真地听自己讲话。

如果察觉到了孩子的这种"认真"，妈妈要立刻停下手里的全部工作，把手机收起来，认真听孩子讲话。如果孩子年龄比较小，为了妈妈和孩子的视线在同一水平，请妈妈蹲下来、看着孩子的眼睛讲话。妈妈不必给出孩子什么建议，也不必替孩子解决，只是认真地听着孩子讲话就好。

这样的话孩子马上就会感到满足,然后结束对话。

妈妈平时要加入"3秒沟通",为了让孩子感到满足,多数情况下应该让对话在1~2分钟内结束。

如果孩子认真讲话,作为妈妈可能会感到特别厌烦,想敷衍地适当听听了事。但是,这种情况下敷衍地适当听听了事对于妈妈来说显然性价比不高。

如果妈妈敷衍地适当听听了事的话,孩子得不到满足,反而会喋喋不休。这样的话,妈妈的压力会逐渐累积,可能对孩子感到烦躁。

而且这样的话,孩子的满足感和安心感得不到满足,所以明天、后天,孩子还会一直执着于和妈妈讲话。

要点是,妈妈察觉到孩子的认真之后,要把心态转变为在自己动怒之前,一定要"好好听孩子讲话"。

如果妈妈一边生着气一边听孩子讲话的话,不管中途对孩子的对话进行多少提问,此时此刻妈妈的形象都会变得可怕。而且,即使妈妈过后再去特意认真地听孩子讲话,孩子的内心也不会得到耕耘。

所以，妈妈虽然平时进行的是简单快速的"3秒沟通"，但孩子认真讲话时，妈妈要把想法转变成"虽然平时只和孩子进行'3秒沟通'，但此时要好好听孩子讲话"，不要再果断结束对话，认真地听孩子讲话，消解孩子心中的芥蒂。

◎ 情景3　孩子哭闹时

孩子因为什么事情哭闹时，妈妈基本上都要先表示"同感"。
做法很简单。妈妈只需代替孩子说出孩子当时的心情就可以，"嗯，是××吧"。

举个例子，就像下面这种感觉一样。

"嗯，想要是不是？"
"嗯，很疼吧？"
"嗯，很遗憾吧？"

如果孩子哭闹的话，妈妈首先要自然地说出这样的话。之后可以加上"嗯，我懂"。

然后，如果妈妈有想说的话，可以这样说。

> "但是，今天不能买。"
> "贴上橡皮膏就好啦。"
> "下次赢回来就好啦。"

这样，孩子安定下来的速度就会特别快。

孩子哭闹时，妈妈往往对孩子的想法感到不能理解，好多妈妈都会想"不想要和孩子有同感"或者"不想让孩子认为这点小事就能得到帮助"。

这在大人的想法来看是理所当然的，但是孩子的脑功能尚未成熟，所以就会有这样的"哭闹"表现。

大人对此的正确做法是首先要像前面写的一样表达同感，这样可以让孩子尽早地安定下来。

如果孩子哭闹，请妈妈试着首先不加思考地说出"嗯，是××吧"。

我想妈妈们会发现，仅仅这一句话，最终就会让自己受益。

如果孩子真的在努力，妈妈也"不要夸奖，而是吃惊"

◎ 对孩子认真努力做的事情也要"吃惊"地回复

在"3秒沟通"的"太厉害了"的部分，我们已经讲过与夸奖相比，开玩笑且吃惊的表达方式具有更好的耕耘孩子内心的效果。

这些基本上都不是用夸奖的语言，而是妈妈要特意用吃惊的表达随意地说出来，即使并不是那么厉害的事情。

但是除此之外，孩子应该有真的在很努力做的事情。

比如说，孩子努力学习，并且通过自己的努力取得了一定成果等情况。

遇到这些情况，妈妈也不要夸奖孩子，而是尽可能表示吃惊。

但是这种情况下，妈妈不再是表现得"开玩笑且吃惊"，而是"真的吃惊"。

具体做法根据具体情况而定，但是不管怎样，妈妈没有必要表现得特别吃惊，情绪也未必要特别高涨。根据不同情况，即便妈妈以平时的情绪讲话也没有问题。

这时，与"我在表扬你"相比，妈妈"我很吃惊""意料之外"这样的回答更能让孩子感到高兴，孩子的内心也会得到耕耘。

比如，当孩子取得成果时，与"好棒啊"相比，妈妈"真的吗？！"的回应更会让孩子感到高兴，孩子也会再接再厉。

◎孩子的努力全部是"意料之外"的、应该吃惊的事情

本来"耕耘式育儿"的基本原则就是"妈妈降低对孩子的期待值"。

所以，如果妈妈已经一步步实践了本书前面介绍的方法，应该自然地会想要在孩子成功时表示"意料之外"的吃惊，而在孩子失败时，因为是"意料之内"的事情，会想要给孩子鼓励。

这就是妈妈日常生活中降低对孩子期待值的表现。

但是，很多妈妈的做法是相反的，孩子的干劲和热情会因此受到打击。这些妈妈在孩子成功时像"意料之中"的事情一样给予冷

▼ 妈妈在孩子成功时的表现

"种植式育儿" ➡ 因为是"意料之中"的事情,所以表现得冷淡

不错

期待值

"耕耘式育儿" ➡ 因为是"意料之外"的事情,所以表现得吃惊

好厉害!

期待值

漠的回复，但在孩子失败时像"意料之外"的事情一样不高兴。

与得到妈妈的夸奖相比，孩子更想要让妈妈吃惊。

而且，与夸奖相比，妈妈表现出的吃惊可以让孩子的成长不被妈妈的价值观束缚，孩子能够符合其自身特性地、相对容易地成长。

所以，对于孩子的积极努力，妈妈试着静静地给出表示"意外"的回应吧。

这样的话，当孩子失败或进展不顺利时，妈妈也不会感到生气或者伤心了。

妈妈要一直做孩子人生的"配角"

◎ 干劲不要超过孩子

例如，妈妈想要让孩子学习什么东西时，孩子当然会有不知道要学什么的时候，所以妈妈向孩子提议学什么是可以的。

但是，如果孩子开始学了，妈妈不要提前对孩子抱有"能做出某种成果"的期待。

或者，也不要孩子刚说"能去这个高中吗……"，妈妈就去搜购这所学校往年的习题集，明明孩子都没有让妈妈帮忙买。

不管什么事情，妈妈的干劲超过孩子的话，是不会有什么好结果的。

孩子还没有拜托妈妈帮忙，妈妈就主动去做了，孩子看到这样的妈妈会失去自我的探求心，而失去干劲。而且，对孩子抱有期待的妈妈看到孩子没有像期待中那样（忘记了是自己主观的期待）成功时就会失望或者生气，而看到孩子成功时也不会感到吃惊了。

◎ 顺着孩子的干劲给予支持

基本上，只要孩子有干劲，说"想成为第1名"时，妈妈就帮助孩子成为第1名；如果孩子说"想成为第2名"时，妈妈就帮助孩子成为第2名，用这样的方式相处，母子无论何时都会非常快乐。

总之，妈妈要一直当好孩子人生的"配角"，干劲不要超过孩子，支持孩子自己的人生，随意地、快乐地度过每一天。

这样最终就是促进孩子成长的"心灵的耕耘"。

第 **5** 章

成为"超级妈妈"
【方法2】冷淡地行动

"超级妈妈"要冷淡地行动

接下来我们会介绍孩子想要翻越"围栏"时妈妈的应对方法,以及批评孩子、让失控的孩子冷静下来等"管理孩子的方法"。

◎应优先守护"妈妈想要耕耘孩子心灵田野的想法"

首先,妈妈给孩子"种植"各种规矩和学习内容的前提是孩子内心的田野必须是"被耕耘的状态",这是根本。

未被耕耘的心灵田野不仅不能进行"种植",而且如果强行种植的话,孩子心灵的田野会更加干涸僵硬,其他的知识或技能也全都不能掌握。

相反,如果妈妈持续耕耘孩子心灵田野的话,仅此就足以让孩子的内心变得柔软安定,而且孩子对知识的吸收力也会显著提高,即使妈妈不进行任何"种植"行为,孩子也能凭借自身的意愿逐渐理解各种事物。

于是，我们就能看出育儿过程中最重要的是什么了。

育儿过程中，应优先守护的是妈妈想要耕耘孩子心灵田野的想法。

如果妈妈厌烦孩子，没有耕耘孩子心灵田野的意识，那么不只是孩子的成长，妈妈自己的生活也会开始向不好的方向发展。

因此，妈妈在"耕耘式育儿"中要采取下面3个方法。

①"想方设法"和"让孩子死心"相结合
②冷淡地结束话语
③把孩子带入冷静的世界

下面会依次讲解这3个方法。

❶ "想方设法"和"让孩子死心"相结合

既然说应优先守护的是"妈妈想要耕耘孩子心灵田野的想法",那么我们试着想想看,如果妈妈在等着孩子做坏事时,不是只想着"我在等着你做坏事"然后批评孩子,而是一开始就在物理上创造出让自己不烦躁的环境,那就好了。

也就是说,如果妈妈开始就创造一个让自己尽可能地不会对孩子生气的环境,那么妈妈就能够一直想要去耕耘孩子的内心。为什么呢?因为妈妈不会对孩子生气。

在这个意义上,比起一开始就想"要怎么批评孩子",从"怎样才能避免想要批评孩子的情况"的观点考虑要有更好的效果。妈妈这样想会意识到下面的方法是有效的。

◎ 亲子生活中避免让妈妈生气的方法

①对于不想让孩子做的事情,就"想方设法"从物理上让孩子做不到

②如果没有找到方法,那就提前让孩子对做这件事情"死心"

我想可能有些难以理解,让我们看几个实例。

<例1>

即使给孩子规定好了点心的量,当妈妈不在的时候,孩子还是会偷偷地去橱柜拿点心,然后悄悄吃掉,孩子的天性如此。

所以,

①如果妈妈不想让孩子做这件事情,那么最开始就不要把点心放到孩子自己能拿出来的地方。

②如果妈妈已经放了点心,那么就要提前让孩子对"可以随意吃"这件事情死心。

<例2>

孩子会在妈妈不在的时候偷偷玩手机游戏。

所以,

①如果妈妈不想让孩子做这件事情，那么就提前设定1个小时的Wi-Fi断开时间，或者把孩子的手机带去单位。

②不然就提前让孩子对妈妈不在家时"自己可以偷偷玩游戏"这件事情死心。

<例3>

孩子没吃完妈妈特意做的饭菜，而且吃得磨磨蹭蹭，好像饭菜很难吃一样。对妈妈特意给自己烧饭做菜没有表示感谢。

所以，

①如果妈妈不想让这件事情发生，那么就不要特意费力做精致的饭菜，用得到这样的反应自己也不会伤心的程度来做饭菜即可。

②如果妈妈执着于做精致的饭菜，那么要提前做好感到失望的心理准备。

<例4>

孩子满不在乎地把衣服或者地毯弄脏了。

所以，

①为了即使孩子把衣服或地毯弄脏也不介意，全部都买便宜货。

②如果让孩子穿了名牌衣服，或者铺了高级地毯，那么就要有

"24小时内就会弄上污点，30天内就会破烂不堪"的心理准备。

我们还列举了其他一些在日常生活中避免让妈妈生气的方法，这些方法运用了"想方设法"或"让孩子死心"这两种方式。可能妈妈会想"做这些事情真的好吗"，但重要的是首先不要发生想要批评孩子的情况。而且，随着孩子的成长，这些"想方设法"和"让孩子死心"的方法自然而然地就会不再需要了，所以请妈妈放心地试着用一用。

- 如果不喜欢房间乱七八糟，那就减少玩具的数量。
- 如果想让孩子收拾，那就用小孩子也容易使用的收纳方式。
- 不想让孩子碰的东西，一开始就不要放在孩子能够得到的地方。
- 如果对孩子小便弄脏了卫生间的垫子感到生气，那么就不要在卫生间铺垫子（与洗垫子相比，擦地要更为简单）。
- 如果3岁的姐姐哄1岁的妹妹玩时毛手毛脚，那么就把妹妹放在3岁孩子的手够不到的婴儿车里睡觉。
- 如果不喜欢吃饭时把饮料弄洒，那么就不要放牛奶或果汁，而是换成水（因为水不黏，且不会留下污渍）。
- 提前制定饭后擦桌子及地面的排班表（因为孩子肯定会弄脏

地面）。
- 为了让孩子快快地吃完饭，一开始就不要上孩子讨厌的蔬菜（有替代食材不会让营养失衡。例如，孩子不吃菠菜，用西蓝花代替也没问题）。
- 如果不想让洗衣机里满是沙子，那么就把裤子后面的口袋全部缝起来（因为玩沙子时后面的口袋容易进沙子）。
- 孩子的伞在100日元商店（相当于国内的5元店）买（因为总是很快就会坏）。
- 破了的隔扇或拉门，不要逐一重新糊新纸。如果重新糊了纸，做好一周之内又破了的思想准备（建议不如直接把隔扇上的白纸全部撕下来）。
- 如果早上来不及换衣服，不如前一天晚上直接穿着去上幼儿园的衣服睡觉。
- 如果想让孩子自己换衣服，那么就买上下装无论怎么搭配都可以的衣服（比如下装统一是黑色或粗斜纹布）。
- 即使是夏天也要穿毛衣去托儿所、明明是夏天却要盖毛毯热得大汗淋漓，等等，这些大人不能理解的情况，如果对自己（妈妈）没有造成伤害，就允许孩子做。
- 如果想让孩子把垃圾扔到垃圾箱里，就在桌子上放置简易垃圾箱，或者在屋子的4个地方放置垃圾箱。如果自己身边有垃圾箱，就会减少麻烦，即使是孩子也能方便地扔垃圾。如果即便这样，孩子也不能把垃圾扔到垃圾箱里，不如干脆先放弃这一想法，等待孩子稍微长大一些再说。

关键在于，关于孩子的事情，无论是"想方设法"，还是让孩子对做这件事情"死心"，妈妈都要事先营造一个不会让自己生气的环境。

这样的话，孩子自然就不会做出让妈妈生气的事情，妈妈也不会对孩子无谓地发脾气，孩子内心的田野也不会干涸。

而且妈妈还能够保持"想要耕耘孩子内心的田野"的心态，孩子也因为持续的"耕耘"而能够更早地改掉这些不合理的行为。

从今天开始，如果是说了三次仍然不改正的事情，妈妈可以觉得"或许是孩子现在的能力没有达到"，对于孩子做不到的事情，妈妈要积极地将其取消，或者想其他方法。

◎ 托儿所能提高妈妈的"笑脸比例"

托儿所或者儿童保育，甚至培训班都有这样的效果。

这些地方是否为孩子设计或者有怎样的学习效果是次要的。再

▼ 为了不生气，妈妈要么想办法，要么降低要求

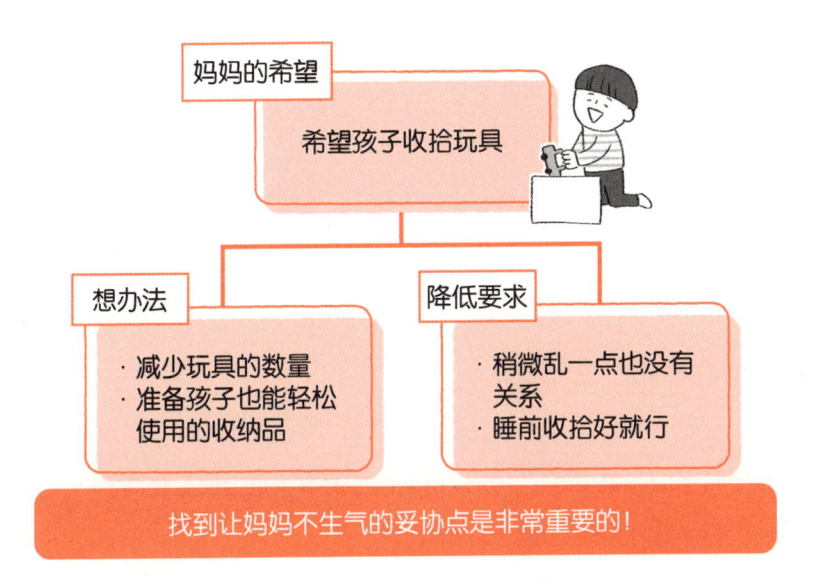

妈妈的希望

希望孩子收拾玩具

想办法
- 减少玩具的数量
- 准备孩子也能轻松使用的收纳品

降低要求
- 稍微乱一点也没有关系
- 睡前收拾好就行

找到让妈妈不生气的妥协点是非常重要的！

重复一遍，育儿过程中最应该重视的事情是"守护妈妈想要耕耘孩子心灵田野的想法"。

也就是说，如果提高孩子在家时妈妈的"笑脸比例"，仅此就可以让孩子的内心得到耕耘，内心得到耕耘的孩子能够按照其与生俱来的特性成长为最好的样子。

反过来说，如果妈妈和孩子待在一起的时间过长会变得焦躁的话，可以稍微缩短与孩子共处的时间，然后试着把省下来的这部分时间作为自己的休息时间。这样的话，妈妈的身心都可以得到恢复，孩子傍晚回家时，妈妈就会露出笑脸。

这样一来，虽然妈妈与孩子共处的时间稍微缩短，但是妈妈给孩子留下的印象变好了，所以耕耘内心的效率也会明显提高。

妈妈在平时就要建立"注意在孩子面前的笑脸比例"的意识。如果妈妈一天和孩子相处18个小时，只有1个小时露出了笑脸的话，留给孩子的印象就是"妈妈总是不高兴"。

如果妈妈虽然一天总共只和孩子共处6个小时，但这6个小时能一直与孩子笑脸相处，留给孩子的印象就是"妈妈总是露出笑脸"。

如果站在孩子的立场，你想要哪一种妈妈呢？

忙碌的妈妈试着寻找托儿所、儿童保育或者儿童培训等"可以提高孩子眼中自己的笑脸比例的场所"吧，这样妈妈应该就可以没有罪恶感地把孩子送去这些场所了。

❷ 冷淡地结束话语

实际上，不只是孩子，在所有的人际关系中，对抗他人的鲁莽是有要领的。

即：不要"热情"，而要"冷淡"。

在人际关系中，比起高声责骂对方、唠唠叨叨说个不停，浑身散发着"冷淡的气息"，用尽量短的语言让对方冷静、退步，对方能够变得意外冷静，也更容易听进去我方的话。

一般来说在人际关系中，如果一方"热情"，对方也会"热情"；如果一方"冷淡"，那么对方也会"冷淡"。同样的道理，如果一方说话快言快语，那么对方也会受其影响变得快言快语；相反，如果一方说话慢，那么对方也会以同样的速度慢悠悠地讲话。人际关系中我们经常能见到这些为对方的节奏所影响的现象。我想妈妈们自己也有过这样的经历吧。

因此，如果妈妈对孩子"热情地"唠唠叨叨，那么孩子受此影响，内心也会变得躁动、难以冷静，也会因此更容易发火，致使妈妈难以向孩子传达自己想要传达的内容。

然而，妈妈如果以"冷淡的态度""沉着冷静的态度"与孩子相处，就可以让孩子冷静下来。这样的话，孩子就会卸下其内心的铠甲，觉得"难道是自己做错事了"，怀疑是"自己做了丢人的事"，孩子就容易冷静地做出反思。

耕耘式育儿中有两种方法可以让妈妈具备这种"冷淡、镇定的态度"。

一种是，平时为了拒绝孩子的要求使用的干净利落的"冷淡地结束话语"的方法。

另一种是，孩子感情用事、情绪不稳定时，为了让孩子冷静而使用的"把孩子带入冷静的世界"的方法。

现在首先介绍"冷淡地结束话语"的做法。

◎ "冷淡地结束话语"的做法

不管什么情况，拒绝孩子执拗的要求、不想被孩子纠缠、想让孩子听话时，妈妈可以尝试按照下面的方法来做。

> **冷淡结束话语的方法**

①摆出自己最"帅气认真的表情"
②不要冲动，而是平和地讲话
③语言流畅，收尾将声音压低

牢记这三个要点，以平稳的态度、坚决的行动，哪位妈妈都可以提高对孩子的说服力。

然后，妈妈尝试着这样做之后就会发现，牢记这三个要点与孩子相处，孩子对妈妈的态度与现在相比会出奇地沉稳。

对以上这三条要点感到困难的人，可以先从其中一条做起。

只需要意识到作为一个"超级妈妈"和孩子相处，请妈妈试着以这样的观念来面对孩子。仅此也能达到同样的结果。

建立"超级妈妈"的观念之后，再考虑具体细节也足够了。

◎ "冷淡地结束话语"的实例

具体使用实例如下。

· 守护放牧理论的"围栏"时

当想让孩子自然而然地遵守作为"围栏"设定的"生活秩序"时，妈妈可以用"好，去托儿所啦""好，到睡觉时间啦""下午茶点就这些啦"这些不带感情色彩的冷淡的结束话语的方式。这样的话，孩子会想"啊，是这样的吗"，然后就会更容易遵守规则。

尤其是像放牧理论的"围栏"这样的平时"就应该理所应当遵守的规则"，作为与孩子之间共享的事情，比起妈妈每次请求孩子，或者一一说服孩子遵守，每次淡淡地以"这是理所应当的"这样冷淡的态度，就像应当应分的事情一样结束话语、进行督促，孩子反而不会有不满情绪，也更容易顺应和遵守这些规则。

· 劝解情绪化的孩子时

在孩子闹脾气的时候，简练地说出"啊，是这样啊"等表示共鸣的话语，孩子的内心会更容易平静下来，所以请妈妈尝试一下。

就像时髦的大叔安慰情绪不好的年轻女性，与其产生共鸣一样，妈妈对孩子扮演的就是"时髦大叔"的角色。

· 拒绝孩子执拗的要求时

【方法1】的在"3秒沟通"中明确拒绝孩子要求时,"好了,结束啦!""已经没有啦!""烦死了,烦死了""快睡觉!"都是"冷淡地结束话语"的例子。

· 严肃批评孩子时

当然了,当严肃批评孩子时,妈妈也要试着"冷淡地结束话语"。比起对孩子乱发脾气、唠唠叨叨地说教和絮絮叨叨地讲话,尽早让孩子内心安定和反省,反而不容易对孩子造成内心的伤害。

尽早用沉稳的话语让孩子安定下来,不要"温柔"和"热情",而是要"冷淡地结束话语"。这样孩子会出奇地听话。

❸把孩子带入冷静的世界

我们前面讲解了对孩子"冷淡地结束话语"的做法,但根据孩子的状态,有时这一方法很难。

尤其是当孩子特别情绪化时,孩子态度强硬,难以沟通。孩子处于叛逆期,或者此前一直是"种植式育儿",孩子心灵的田野变得干涸,所以孩子情绪特别不稳定,那么在日常生活中孩子就会出现这样的态度。

这种状态下的孩子原本就没有做好听从妈妈的话的心理准备,所以妈妈的意见和建议无论能在什么程度上帮助孩子解决问题,都只会让孩子的态度恶化。

所以,在这种情况下,妈妈首先要克制自己的语言,以威严冷淡的态度听孩子讲话,让孩子的情绪稳定下来是首先要考虑的事情。

具体来说，妈妈可以试着采取以下态度。

①露出沉稳的表情
②不要插话，从头到尾听孩子讲话
③在心中反复默念"没关系，一定行，淡定"

这样的话，孩子会和妈妈一样，意识到一定要跟随着节奏让自己的呼吸慢下来。孩子应该会被妈妈冷淡的态度影响，变得沉稳。

孩子情绪稍微稳定之后，妈妈再按前面讲过的"冷淡的结束话语"的3个要点，一点点慢慢让孩子讲话，"怎么啦？""你当时是怎么想的呢？"等等，这样孩子会感到与妈妈的内心是紧紧相连的，妈妈是和我有共鸣的，内心就会安定平稳，就能够说出想说的话了。

当孩子的情绪不稳定时，妈妈与孩子相处时将"冷淡"和"帅气"相结合，就能够让孩子杂乱的心情稳定下来。

尤其是当孩子的情绪不稳定时，让孩子安定下来要具有更好的效果，而且使用起来也顺手，所以妈妈也要积极地掌握这些"冷静的做法"，并尝试活用。

▼ 想让孩子安定下来时妈妈的态度

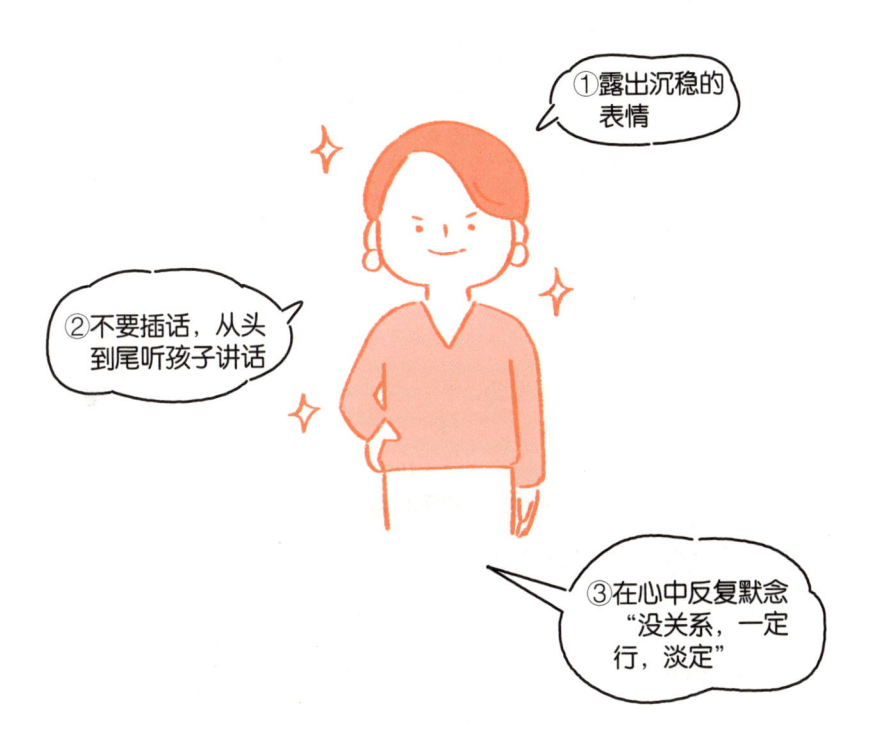

①露出沉稳的表情

②不要插话，从头到尾听孩子讲话

③在心中反复默念"没关系，一定行，淡定"

◎要点是"冷淡的做法"和"快乐的氛围"组合活用

如果氛围因"冷淡的做法"恶化,采用【方法1】的"快乐的氛围(3秒沟通)",就可以让氛围恢复原本的快乐。

同时,我们在【方法1】(第4章)也介绍了采用"冷淡的做法"来果断拒绝孩子在"快乐的氛围"中提出的独特的"执拗的要求"的方法。

就是前面讲到的"好了,结束啦!""已经没有啦!""烦死了,烦死了""快睡觉!"等。

就像这样,【方法1】的"快乐的氛围"和【方法2】的"冷淡的做法"相辅相成,相互补充。

如果做到了其中一点,另一点也能同时做到,一旦建立了二者的平衡(逐渐习惯了这种说话方式),妈妈就完全不需要动脑筋,也能与孩子建立良好的亲子关系了。

这样你在孩子眼中就是一位"超级妈妈",是一个将乐观、温柔、强大、可靠、有趣等特质之间的平衡掌握得非常好的妈妈形象,对于妈妈来说,与孩子之间的共同生活也会特别轻松。

因此,妈妈在实践"超级妈妈"战略时,请试着将方法1和方法2组合使用,育儿应该能变得特别轻松、快乐。

笑眯眯

第 6 章

"超级妈妈"批评孩子的方式

批评和指令要在10秒钟以内讲出"原因"

◎ **有想要听从指令的说法**

妈妈一旦忙起来,批评孩子时只告诉孩子结论,却没有告诉孩子原因,没有告诉孩子为什么这样做不好。例如,"不要吵!""不要跑!""收拾好!"等等。

这样的话,孩子的大脑很难理解"为什么不这样做更好呢?"就不会有听从指令的动力,会让本就忙碌的妈妈更加着急、焦躁。

为了改善这一情况,今后妈妈再批评孩子时请试着有意识地想一个简短的理由。

例如,孩子在超市里很吵,或者跑来跑去时,不要只说"不要吵""不要跑",而是要在其后说出理由,比如"你看,那里有位爷爷，如果撞到了，爷爷可能会摔倒，对不对？""你看！你把那个小婴儿吵醒了，是不是！"等，环顾四周，寻找合适的理由，直截了当地说出来，这样孩子就能理解其中的意义，会更容易安定下来，日后也易于举一反三。

◎ 孩子不能理解的说法是没有意义的

当妈妈向孩子做出什么"指令"时，讲一个理由会让孩子按照妈妈的期望去行动。

例如，不能只说"快收拾！"的指令，如果说"扫地机要过来啦，把玩具收拾好"，孩子就会容易理解为什么把玩具收拾了要更好，而且日后孩子每次一想到扫地机正在工作，都会按照扫地机更容易工作的顺序来收拾好玩具。

但是，妈妈在说这样的"理由"时，请一定在10秒之内直截了当地说出来。孩子对自己不觉得有趣的话是不能听10秒钟以上的。如果妈妈絮絮叨叨地说教，孩子就会对妈妈的训斥"置若罔闻"，所以妈妈每次都要把理由控制在"10秒以内"，这样孩子也容易理解。

◎ 让妈妈不着急的"经典台词"

妈妈提前准备好自己跟孩子着急时的"经典台词"会比较方便。

例如，孩子忘带教科书回家，把饮料弄洒了一点儿，玩耍时把衣服弄脏了，等等。虽然这些事情本来微不足道，没有必要批评孩子，但如果妈妈对孩子比较着急的话，就可能对孩子发牢骚。

这时妈妈可以笑一笑，然后冷静地说下面的经典台词。

"哎，你是黑猩猩吗？"

不这样说也没有关系，可以换成家里"地位最低"的"有趣的角色"。

例如，如果经常看电视的话，可以换成扮演受欺负的角色的演员的名字，"××吗？"

或者，对正好犯错误的"小学生"孩子，这样说也会很有趣。

"你是小学生吗？！"

"嗯！是小学生！"

"啊，原来是小学生呀。"（笑）

妈妈如果提前准备好几个这样的"经典台词"，就不会放着自己的怒气不管，唠唠叨叨地训斥孩子，孩子的内心就不会受到伤害，而且日后孩子能够毫无隐瞒地向妈妈承认自己的错误。

孩子犯了小错误时，即便妈妈没有特意说，孩子也明白自己做错事了。所以孩子会主动承认"弄洒了""弄脏了"等。

所以，如果孩子犯的不是什么大错，妈妈没有必要对孩子完全明白的错误再去提一遍，没有必要因此导致亲子关系紧张，信任崩塌。

为了避免这种情况的发生，妈妈可以提前准备恰当的"经典台词"，在自己刚好要着急烦躁的时候说出来，能够约束情绪化的自己。

强硬地说完之后，要在1分钟之内恢复情绪

◎ 尽早结束不愉快的氛围

妈妈以"超级妈妈"角色非感性化地、冷淡地强硬批评孩子，孩子冷静下来之后，当时的氛围有时会变得不愉快。

如果感到当时的氛围稍微有点不愉快，那么请试着尽可能地"在1分钟之内恢复情绪"。

要点是要尽早让亲子关系的氛围变好。因为作为长期的育儿战略，比起一定要向孩子"种植"什么，回到让孩子心灵的田野"得到耕耘"的状态（氛围）要具有更好的效果。

◎ 恢复平时状态的简单方法

做法并不难。只要在孩子受到批评后的1分钟之内让孩子看

到"自己恢复平时的情绪"就足够了。基本上不需要什么特别的做法。

但是,妈妈如果想要更有趣一点,可以尝试下面的说法。

例如,孩子怎么都不收拾,妈妈要对孩子强硬地说:"快收拾!!"孩子收拾完请妈妈检查时,妈妈朝着孩子的方向看两次,这样大声说——

"哇哇!!太迅速了!!我家孩子收拾得真快!!"

这样一来,家里瞬间就恢复了明朗的氛围。恐怕孩子都会笑出来。

如果妈妈觉得这样的表演比较困难,说完"快收拾!"后,稍后可以询问一下孩子:"收拾了吗?"如果孩子回答"收拾了",妈妈可以恰当地回答"太厉害了!""好快呀!"等,或者以"真是个天才!"结束对话。

不再需要什么额外的做法了。

我们再举一个例子。例如孩子怎么都不穿衣服时……

妈妈生气地催促孩子"快去穿衣服",孩子把衣服穿上之后,妈妈可以说"哇!太棒了!""哇,好快呀!"等,然后结束对话。

这样的说法虽然没有具体指出是哪里厉害,但是也没问题。

虽然严格来讲,正是因为妈妈刚才说了"快去穿衣服",孩子才终于穿上了衣服,无论从什么角度来说孩子换衣服都是"慢"了。所以这种情况下"好快呀!"在文理上有些奇怪,但是没有必要这样较真。重要的是要尽早让气氛恢复,妈妈找回想要耕耘孩子心灵田野的心境。

所以,妈妈要尽可能地在1分钟之内简单迅速地恢复原来的氛围,然后若无其事地回到家务情中。

建立"发脾气是我的必杀技"的意识

◎情绪化地发脾气让孩子心灵的田野干涸

正如我们前面所介绍的,批评孩子、安抚孩子失控的情绪时"冷淡地结束话语"的方法,无论从精力上还是从效果上都是理想的,但是当孩子做了不应该做的事或者没有遵照妈妈的意愿时,有很多妈妈会向孩子"乱发脾气"。

但是,如果妈妈总对孩子缺乏冷静地"乱发脾气"或者喋喋不休地唠叨,孩子"置若罔闻的能力"就会提高,也就不会对妈妈打开心扉。

这样的话,从任何方面来说育儿的效率都会很差。当然,孩子心灵的田野也会干涸。

◎ "发脾气"是必杀技，其效果因使用方法而异

然而，我想也有妈妈在时间上和精神上为生活所迫，不论怎样都会对孩子乱发脾气。这类妈妈首先不要想着"生气是没有办法的事情"，要在自己的大脑中建立"发脾气是我的必杀技"的概念，尝试改变对"发脾气"这一行为的理解方法。

根据使用方法的不同，"发脾气"产生的效果也不同。

与平时总是发脾气的人相比，不经常发脾气、找准时机再发脾气的妈妈更容易让孩子冷静下来，孩子也会想要好好反省，而且不会对孩子的内心造成伤害。

因此，妈妈要建立"发脾气是我的必杀技"的意识，平时试着尽可能不要生气，必要时再按照下面的规则发脾气。这样一来，妈妈对孩子的说服力会得到提高，而且对孩子内心造成的伤害会降到最低限度，亲子关系也不会恶化。

那么，具体来说怎样的生气方法更好呢？让我们看下面的规则。

◎ 作为必杀技的"发脾气规则"

不容易对孩子的内心造成伤害的"发脾气规则"有两个。

即"冷淡地结束话语"中讲到的"10秒钟之内进行说明"和"1分钟之内恢复原来的情绪"这2种应用作战技巧。

① 发脾气的时间尽可能控制在10秒以内，速战速决

请把对孩子发脾气的时间尽可能地控制在10秒以内。也就是说妈妈开始发脾气的10秒以内要尽快让孩子冷静下来。

发脾气时与其压制着怒火絮絮叨叨，不如一鼓作气地让生气的情绪达到顶峰，然后迅速结束。

发脾气时要尽量避免使用否定孩子人格的话语，而且要使用孩子易懂的话语。

这样的话，孩子会更容易反省自我，不会对孩子的内心造成伤害，所以妈妈这样的发脾气就是有意义的，孩子日后很可能就不会再犯同一错误。

<反面例子>

孩子内心受伤，妈妈说了刺痛孩子内心的话语，否定了孩子的人格

> "现在就在这里说道说道！！"
> "正因为这样，所以你不行！！"
> "喂！喂！那样做不就好了！"

<正面例子>

对于发脾气的事情进行认真讲解

> "赶快收拾！！快收拾！！我那会儿就开始说了！！"
> "赶快换衣服！！换衣服！！要玩到什么时候！！"
> "说过不能这样做！！"

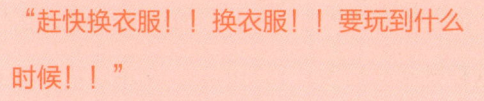

当然了，并不是"推荐这样的发脾气方式"，而是不得不生气的时候，这样发脾气会更好。

②发脾气之后1分钟内恢复原来的情绪

生气是没有办法的,所以生气之后妈妈要把注意力转移到尽可能在1分钟之内让自己恢复原本的情绪上。

例如,如果妈妈认为自己发脾气没有错,那么在发脾气后的1分钟之内就像什么事情都没有发生一样,去和孩子聊其他话题。

或者,"妈妈经过好好思考之后认为自己发脾气可能稍微有不妥当的地方",虽然内容没什么不妥之处,但感觉情感上可能太过激烈,这时妈妈可以冷静一下,再跟一句话,比如"刚才说得太严厉了。但是这样做是不可以的"等。这种情况也不要让孩子看到自己狼狈的样子,要保持冷静的姿态。

妈妈在意识到自己向孩子发了脾气之后,与其对此陷入持续的自责,不如马上把注意力转移到其他地方,"加油!1分钟之内恢复原来的氛围!",这样既不会伤害孩子的内心,又可以让自己的情绪迅速得到恢复。

如果用一句话概括这2条"发脾气规则",即**"若要发脾气,尽可能速战速决"**。

平时总是忍着"不能发脾气",反而会一直絮絮叨叨;平时总是忍耐,最后怒气爆发时总是拣伤害孩子的难听话说。请这样的

▼ "发脾气"时的2个规则

①发脾气的时间尽可能控制在10秒以内,速战速决

②发脾气之后1分钟内恢复原来的情绪

妈妈试着转变下思维，"发脾气要速战速决""发脾气是我的必杀技"。

这样的话，无论是妈妈还是孩子，情绪就都会比较容易安定下来。

第 **7** 章

带着自豪感育儿

"超级妈妈"是钢管舞中的钢管

◎ **安静且坚定的存在**

我们此前介绍了"超级妈妈"的具体做法,妈妈们日后以"超级妈妈"为目标时,请试着像"钢管舞中的钢管"一样与孩子相处。

孩子是钢管舞演员。钢管舞演员紧紧抓住钢管,以钢管为轴,肆意发挥自己的力量尽情表演。然后,发挥出的力量越来越大,就会产生富有生机和力量的舞蹈,孩子的能力得到发挥,潜在能力也得到了锻炼。

当然了,随着钢管舞演员的动作越来越大,也会对钢管造成负荷,但这绝不是对钢管的厌恶。

而且钢管舞演员正是因为钢管的坚固和结实,无论自己做出什么样的动作钢管都绝对不会倒下的可"信赖"感,才能发挥出自己最大的能力，提高自己的舞蹈技术。

钢管舞演员对钢管的期待是"坚固不动摇，永远不变地立在那里"。只要能做到这样，钢管舞演员就能够因为对钢管的信赖，凭借着自身力量磨炼技术了。

◎ "要为孩子做什么事情"并不是那么重要

对育儿感到紧张和压力的妈妈中应该有不少有"不知道应该为孩子做什么事情""没有时间为孩子做什么事情"的想法吧。

这样的妈妈请试着先让自己成为"钢管舞中的钢管"。
妈妈不用想着"一定要为孩子做什么"，而是要建立"成为支持着孩子的永不动摇的存在，永远在这里"的观念。这样作为家长应该做的事情会大幅减少，而且变得意外地简单，妈妈会发现自己对此不再迷惑和茫然。

抱着这样的观念，即使你的钢管舞演员抓住你不合理地乱闹，你也不会受其影响，而是依然不动摇地、冷静地站在这里，让你的钢管舞演员看到一个这样的形象吧。

向孩子说，"没关系，妈妈永远在这里支持着你。"

以做"最棒的自己"为人生的准则

◎ "最棒的人评选"的效果

前几天我从一位托儿所的老师那里听说现在班里正在流行"最棒的人评选"活动。

老师一向班里的小朋友们提问"今天谁最棒",小朋友们就纷纷开始回答:"这个小朋友把蜡笔借给朋友用了,所以他最棒!""这个小朋友对朋友很亲切,所以他最棒!"就像这样,班里小朋友们开始互相推选。

几天后,幼儿园的孩子们问:"我可以宣布自己很棒吗?"从那以后,在这家幼儿园的孩子们之间就流行着对朋友做出善举的风气。

◎ "最棒"是带着自豪感的一种生活方式

听完这个故事,我深深感受到"这个果然是很'酷'"。

无论是孩子还是大人,当决定"成为更棒的自己"时,肯定会在自己的心中生出"自豪感"。这件事情与男女无关。

如果托儿所的老师让孩子们推选"最可爱的人",而不是"最棒的人",那么说不定所有孩子都逐渐开始这种竞争了。甚至弄不好的话,在孩子们当中有些人会感到有优越感,在孩子中可能开始流行服从的态度。

人们往往一开始"想要被认为可爱",就开始依存于被他人承认的欲求了。从意识到"可爱的自己"的一瞬间,任何人的意识都是被动的,自身的价值观就会向"他人是怎么评价自己的""他人喜欢自己吗"等偏移。

然而,如果带着"要成为最棒的人"的想法生活,在不被他人评价的那部分就能够以自己的"理解"为中心,带着"自豪感"生活。

所以,现在正在育儿过程中的妈妈们与其今后对孩子抱有"好孩子""可爱的孩子"或者"正确的孩子"的期待，不如统一为"棒或者不棒"这一个基准，我想孩子这样就能够逐渐地以自己信念和自豪为基准生活了。

因此，妈妈自己首先要在孩子面前试着做一个"超级妈妈"。

购入这本书的人恐怕很多原本就饱受自我肯定感低和缺乏自尊心的困扰，育儿不能顺利进行可能只是其自我肯定感低的副产品。

但是，即便是这类妈妈，如果在孩子面前做一个"超级妈妈"，所有的现状也都会逐渐改变。

妈妈自己要有"自豪感"，由此自尊心也会得到提升。同时，妈妈的"超级"行为会传递给孩子，孩子的内心就会安定，就会慢慢成长为拥有自豪感的最棒的孩子。

现在开始改变育儿方式。每天主动做一个"超级妈妈"，与孩子一起成长、改变吧。